Kohlhammer
Urban-
Taschenbücher

Band 135

Hans Hartmann

Psychologische Diagnostik

Auftrag – Testsituation – Gutachten

2. unveränderte Auflage

Verlag W. Kohlhammer
Stuttgart Berlin Köln Mainz

Meiner Mutter

Zweite Auflage 1973

Stuttgart Berlin Köln Mainz
Verlagsort Stuttgart
Umschlag: hace
Gesamtherstellung W. Kohlhammer GmbH
Grafischer Großbetrieb Stuttgart
Printed in Germany
ISBN 3-17-00 12 52-5

Inhalt

Vorwort

Dieses Buch entstand aus drei Vorlesungsstunden, die ich im Rahmen einer Gemeinschaftsvorlesung über Psychologische Diagnostik im Sommersemester 1969 an der Universität Freiburg gehalten habe, und aus verschiedenen Seminarübungen. Alles, was darinsteht, wurde einmal aus*gesprochen* oder diskutiert – und ich konnte mich nicht entschließen, einen Stoff, der für mich sehr konkret ist, bei der Niederschrift durch Diktion und Vokabeln allzusehr zu verfremden. Die manierierte Ästhetik der Wissenschaftssprache nimmt praktischen Problemen leicht ihre Aktualität und Verbindlichkeit, durchschaut, ohne sichtbar zu machen und zu verpflichten. Formalistischen Zwang versuchte ich möglichst abzuschütteln, denn in diesem Buch *geht* es vor allem um Probleme.

Vielleicht zu offensichtlich und um zu viele. Mancher Fachkollege wird nicht ganz glücklich darüber sein, und viele Nichtpsychologen mag irritieren, was für Schwierigkeiten bei einer psychologischen Begutachtung zu überwinden sind. Jeder Berufsstand, der in vergleichbarer Weise mit Menschen zu tun hat, hat solche Probleme, die den hier zu schildernden oft gar nicht so unähnlich sind. Wenn Angehörige anderer Berufe die ihren nicht wahrnehmen, verdrängen oder nicht zugeben, so ist das bedenklich genug; bei Psychologen wäre es unerträglich.

Ich habe auch keine Bedenken, Berufsprobleme öffentlich zu diskutieren. Psychologie darf keine Geheimwissenschaft sein – und auch die Psychodiagnostik nicht. Natürlich ist es sinnlos, jemandem einen Test zu erklären und ihn dann damit zu untersuchen; aber über die soziale und psychische Dynamik einer solchen Untersuchung sollte er sehr wohl Bescheid wissen. Ich hoffe zu zeigen, daß viele Probleme, die hier zur Sprache kommen, durch *Nichtwissen* zugespitzt werden oder überhaupt erst entstehen.

Meinen Versuch betrachte ich dennoch nicht ohne Skepsis. Ich weiß, wie undankbar es ist, sich öffentlich mit dem eigenen Fach auseinanderzusetzen, zumal wenn es sich um eines handelt, das gesellschaftlich noch nicht so recht etabliert ist. Beifall und Vorwurf kommen beide gewöhnlich von der falschen Seite. Deshalb sei vorweg betont: Dieses Buch ist *gegen* die ›Techniker‹ unter den Angehörigen *aller* im weitesten Sinne sozialen Berufe geschrieben – seien es nun Psychologen oder Ärzte oder Juristen oder Pädagogen – und *für* diejenigen unter ihnen, die sich gelegentlich Gedanken darüber machen, was das heißt: eine Berufstätigkeit auszuüben, die »oftmals dazu geeignet ist, auf das Leben anderer Menschen besonders unvermittelt und nachhaltig einzuwirken«.[1]

Was an diesem Buch Zustimmung finden sollte, verdanke ich vor allem Professor Albert Spitznagel, alles andere geht zu meinen Lasten. Albert Spitznagel hat mir in Gesprächen und durch seine Habilitationsschrift (1964 b) klar gemacht, wie Psychologische Diagnostik in Forschung und Praxis betrieben werden sollte. Dank schulde ich auch Frau Professor Hildegard Hiltmann, die mich ermutigte, meine Aufzeichnungen zu überarbeiten und zu veröffentlichen. Ohne ihre Unterstützung wäre dieses Buch nicht erschienen. Die Verantwortung für seinen Inhalt trage ich freilich allein. Rechtsanwalt Raimar Hahndorf danke ich für die Beratung bei rechtlichen Fragen, die am Ende des ersten Hauptteils diskutiert werden, und Ute Pleimes für ihre Anregungen und für ihre Hilfe.

Freiburg, Herbst 1970

Hans Hartmann

Vorwort zur zweiten Auflage

Aus Zeit- und Kostengründen muß die zweite Auflage *unverändert* erscheinen. In den vergangenen Jahren ist auch – soweit ich sehe – kaum etwas publiziert worden, das zumindest einige der hier diskutierten Probleme einer konkreten Lösung nähergebracht hätte. Könnte ich den Band noch einmal überarbeiten, so würde ich die Analyse stärker auf die gesellschaftlichen Bedingungen psychologischen Diagnostizierens und auf die institutionellen Abhängigkeiten des Psychodiagnostikers beziehen.

Gießen, Frühjahr 1973

Hans Hartmann

Einleitung

Beginn und Entwicklung der wissenschaftlichen *Psychodiagnostik* sind so eng mit Begriff und Gegenstand des *Tests* verbunden, daß beide nahezu identisch erscheinen. Psychodiagnostik – das war lange Zeit und ist weithin immer noch Anwendung von Tests; die *Diagnostische Psychologie* blieb im Grunde bloße *Testologie.*

Die verbreitete und hartnäckige Identifizierung von psychologischer Diagnostik mit einem ihrer Instrumente, dem Test, führte zu dessen – positiver wie negativer – Überschätzung, in der Fachwelt nicht minder als in der Öffentlichkeit. Die psychodiagnostische Ausbildung angehender Psychologen stützt sich mancherorts hauptsächlich auf die Interpretation von Testresultaten, die im Extremfall ›blinddiagnostisch‹, d. h. ohne Kenntnis der Fragestellung und der untersuchten Person vorgenommen wird: so groß ist das Vertrauen mancher Psychologen in den rein instrumentellen Wert des Tests. Andere Fachvertreter halten dagegen so wenig von der Testpsychologie oder doch von ihrer praktischen Anwendung, daß sie die Psychodiagnostik am liebsten ganz abschaffen würden, ohne dabei zu bedenken, daß der Test nur *ein* Hilfsmittel des Diagnostikers ist, bei *kritischer* Nutzung sogar ein recht brauchbares. Die öffentliche Meinung schließlich erwartet von Tests bald Wunderdinge, bald lehnt sie ihre Anwendung als Spielerei oder gar als menschenunwürdig ab, beides Ausdruck einer Überbewertung und Fehleinschätzung des Tests im Gesamtrahmen der Psychologischen Diagnostik.

Die erste Blütezeit der Testentwicklung begann um die letzte Jahrhundertwende und hielt bis in die frühen zwanziger Jahre unvermindert an. Im Zuge der Intelligenzforschung und der ›Psychotechnik‹ entstanden zahllose Intelligenz-, Fähigkeits- und Eignungstests. Als RORSCHACH im Jahre 1921 den nach ihm benannten Formdeutetest veröffentlichte, leitete er eine neue Phase der psychologischen Diagnostik ein. Der Rorschach-Test war das erste und bedeutendste der später als *projektiv* bezeichneten Verfahren[2] mit dem Anspruch einer psychodiagnostischen Erfassung der Gesamtpersönlichkeit. Auf dem Höhepunkt dieser Entwicklung – in den Vereinigten Staaten in den vierziger, in Deutschland in den fünfziger Jahren – glaubten viele Psychologen (und manche glauben es noch heute), nun ein Instrumentarium zu besitzen, das gleich einem Röntgenschirm geeignet sei, das Innerste der untersuchten Personen (im folgenden: *Probanden)* nach außen zu kehren. Die Probanden selbst sah man vielfach in der Rolle bereitwillig funktionierender Informationsträger, denen man nur einige Anweisungen zu geben brauchte, um sie in stiller Testleidenschaft auf ihre Aufgabe zu konzentrieren. In dieser mechanistischen Vorstellungswelt verhielten sich auch die Testleiter mustergültig. Unauffällig traten sie – bescheidene Handlanger des Tests – in den Hintergrund, wie die Techniker in einem Gedicht Josef Winklers:

> *»... lautlos die Meister gehn*
> *und sehn nur nach den Zeichen und Signalen.«*

Während der Testdurchführung, so schien man zu glauben, saß der Proband in einer Art von sozialem Faraday-Käfig und produzierte ›Befunde‹, die allein als Funktion seiner ›Persönlichkeitsstruktur‹ angesehen werden konnten. Diese Befunde brauchte der Psychodiagnostiker dann nur noch nach allen Regeln der Kunst zu interpretieren. Eine psychologische Untersuchung galt als erfolgreich, wenn sich der Diagnostiker ein – möglichst widerspruchsfreies – Bild von der ›Persönlichkeit‹ des Probanden machen konnte. Kurz: Diese Psychodiagnostik – und ich möchte hier keinen Unterschied zwischen ihrer ›projektiven‹ und ›psychometrischen‹ Variante[3] machen – tat so, als arbeite sie in einer psychosozial keimfreien Situation mit idealen Tests, idealen Probanden, idealen Testleitern, idealen Interpreten – und ohne Auftraggeber.

Die Abkehr von dieser Sichtweise war ein mühsames und nur zögernd begonnenes Unterfangen – und das Ende ist noch nicht abzusehen. Die psychodiagnostische Ernüchterung ging von Vertretern anderer psychologischer Teildisziplinen aus und von einigen Diagnostikern selbst, die fähig waren, die Grenzen ihres Fachs zu überschreiten. Zuerst wandten sich *Statistiker* und *Methodiker* gegen die Überschätzung des Instruments: Sie entwickelten die Testtheorie. Daß diese für den ›naiven‹ Diagnostiker einen zweifelhaften Fortschritt darstellte, ist bekannt. Dann trübten *Wahrnehmungspsychologen* den Röntgenschirm zumindest der projektiven Verfahren, indem sie auf die vordergründige Wirkung der Teststimuli verwiesen: Viele Befunde sind kein ›Tiefenmaterial‹, sondern Reflexe des Reizangebots. Und schließlich zerstörten die *Sozialpsychologen* unter den Diagnostikern ein weiteres Vorurteil der heroischen Phase der Psychodiagnostik: Sie konnten zeigen, daß die psychodiagnostische

Situation keineswegs durch soziale Sterilität gekennzeichnet ist, sondern daß situative und interpersonale Einwirkungen die Testbefunde modifizieren und verfälschen können.
Die zuletzt genannte Problematik steht im Mittelpunkt dieser Abhandlung. Ich möchte allerdings die psychodiagnostische Situation nicht nur in ihrer engsten Bedeutung, als Testsituation, verstehen, sondern auch Ausgangs- und Zielsituation, Voraussetzungen und Konsequenzen der Testsituation im engeren Sinne unter den weiteren Begriff der psychodiagnostischen Situation fassen. Es soll versucht werden, gleichsam im Zeitraffer den ›langen Tag‹ zu skizzieren, an dessen Morgen sich eine Person X (der Auftraggeber) entschließt, einen diagnostisch arbeitenden Psychologen aufzusuchen, und an dessen Abend eben diese Person das Gutachten des Psychodiagnostikers vielleicht – mißversteht. Dieser lange Tag gliedert sich in fünf Phasen:

- In der ersten Phase tritt der Auftraggeber mit dem Psychodiagnostiker in Kommunikation und erteilt ihm einen *Auftrag*.
- In der zweiten Phase *plant* der Psychodiagnostiker die *Untersuchung*.
- In der dritten Phase treten der Proband und der Psychodiagnostiker in Kommunikation. Durch psychodiagnostische Tests, Befragung und Beobachtung werden *Daten* erhoben, die der Begutachtung des Probanden dienen sollen.
- In der vierten Phase wertet der Psychodiagnostiker die erhaltenen ›Roh-Daten‹ aus und gelangt in *urteilsbildenden Akten* zu Ergebnissen, Einsichten, Entscheidungen und Schlußfolgerungen.
- In der fünften Phase formuliert der Psychodiagnostiker seine Ergebnisse und Schlußfolgerungen und tritt mit dem Auftraggeber abermals mündlich oder schriftlich in Kommunikation. Durch das *Gutachten* wird der Auftrag erfüllt; die fünfte Phase verhält sich also reflexiv zur ersten.

Die vorliegende Abhandlung beschäftigt sich freilich nur mit der ersten, dritten und fünften Phase – mit den Phasen, in denen ein *unmittelbarer sozialkommunikativer Bezug* zwischen Personen besteht (vgl. Holzkamp, 1966). Das soll nicht heißen, daß bei der Planung der psychodiagnostischen Untersuchung und bei der Datenauswertung soziale Bezüge völlig fehlten: Auch dann, wenn der Psychodiagnostiker ›allein‹ arbeitet, bleibt er auf den Auftraggeber und auf den Probanden in mancherlei Weise – wenn auch nur mittelbar – bezogen. Es soll gleichfalls nicht heißen, daß eine Team-Arbeit mehrerer Psychodiagnostiker bei der Planung und Auswertung einer Untersuchung nicht möglich oder nicht wünschenswert sei: Das Gegenteil trifft zu. Und es soll schließlich auch nicht heißen, daß die beiden Phasen, die bei unserer Betrachtung ausgeklammert bleiben, für die psychologische Diagnostik etwa weniger wichtig wären als die sozialkommunikativen. Allein die Wahl des Themas und der Umfang dieses Bandes verlangen die Konzentration auf einen enger umschriebenen Gegenstand.

Wer sich für *Probleme der Urteilsbildung in der Psychodiagnostik* interessiert, der lese zur Einführung das Buch mit dem gleichnamigen Titel von BIERKENS (1968). Über die *Planung* der psychodiagnostischen Untersuchung gibt es nichts Entsprechendes; das zweite Kapitel des genannten Werkes bietet einen Überblick.

Damit ist der Aufriß dieses Bandes gegeben: Der erste Abschnitt setzt sich mit Implikationen des Auftrags auseinander, der zweite mit der ›Psychodynamik der Testsituation‹ (COHEN, 1962) und der dritte mit Problemen des Gutachtens. Ein erweitertes — keinesfalls das weiteste — Wechselwirkungsfeld, in dem diese Faktoren stehen, skizziert die folgende Abbildung.

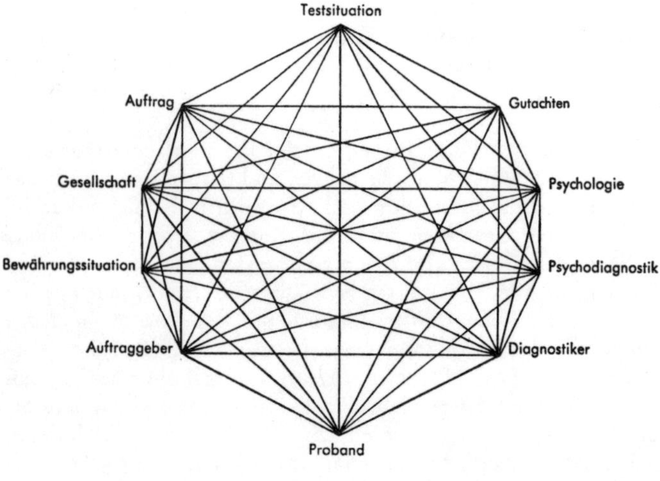

Abb. 1: Bezugssystem der Psychodiagnostik

Der Auftrag

Die Ausgangssituation des Auftraggebers

Wie kommt unsere Person X eigentlich dazu, einen diagnostisch arbeitenden Psychologen aufzusuchen? Offenbar gibt es für diese Initiative drei Voraussetzungen: Die Person X hat 1. ein Problem, das sie 2. selbst nicht lösen kann und dessen Lösung sie 3. von einem Psychologen erwartet. HOVLAND et al. (1961) charakterisieren diese Situation so:

> »Die Motivation, Rat von glaubwürdigen Informationsquellen zu suchen und anzunehmen, scheint beträchtlich anzusteigen, wenn sich eine Person in einer Situation befindet, die differenziertere Urteilskraft erfordert als sie besitzt oder die Spezialinformationen verlangt, die ihr nicht zur Verfügung stehen.« (S. 39) *

Wenn diese Charakteristik für unser Beispiel paßt, wird also dem Psychodiagnostiker von der Person X in einer bestimmten Situation ein Expertenstatus zuerkannt, ein Umstand, auf den ich später noch einmal zurückkomme.

Woher hat aber nun die Person X die Information, daß Psychologen für bestimmte Probleme als Experten zu gelten haben? Da Psychodiagnostik – oder wie SPITZNAGEL formuliert: die psychodiagnostische *Situation* zweckbestimmt ist, »müssen die, die von ihr Gebrauch machen, ein Wissen davon haben, was durch sie geleistet werden kann«. (1964 b, S. 159)

Diese Frage läßt sich leicht, wenn auch etwas vordergründig, für solche Auftraggeber beantworten, in deren Tätigkeitsbereich die Zusammenarbeit mit psychodiagnostisch arbeitenden Psychologen institutionell integriert ist. Das ist etwa im gerichtlichen, klinischen und im industriellen Bereich der Fall. Hier wird der Auftrag zu einer psychodiagnostischen Untersuchung mehr oder minder routinemäßig erteilt. Wie findet aber der ›Laie‹, der keine Routineangelegenheiten abzuwickeln, sondern ganz akute und in der Regel überraschend auftretende Schwierigkeiten und Probleme hat, zum Psychodiagnostiker? »Das Bewußtsein von der Existenz und Funktion des *Arztes*«, schreibt Spitznagel, »ist allgemein verbreitet, was man vom *Psychologen qua Diagnostiker* nicht sagen kann. Seine Position in der Gesellschaft ist höchst

* Alle Übers. a. d. Englischen vom Verf.

unvollkommen umrissen«. (1964 b, S. 159) Die psychodiagnostische *Situation* besitzt, wie Spitznagel weiterhin schreibt, eine nur sehr geringe soziale Bedeutung. Im Gegensatz zu vielen anderen sozialen Situationen, die die Angehörigen unserer Gesellschaft ausnahmslos und häufig erleben, ist Erfahrung mit der psychodiagnostischen Situation Ausnahme und nicht die Regel. Jedes Kind hat hierzulande eine ungefähre Vorstellung davon, was geschieht, wenn der Arzt in Erscheinung tritt. Dagegen wissen die meisten selbst der ›gebildeten‹ Erwachsenen nicht, was ein Psychodiagnostiker nun eigentlich tut, es sei denn, sie hätten aufgrund ihrer Berufsausbildung oder beruflichen Tätigkeit einige – wenn auch gewöhnlich sehr lückenhafte – Informationen. Im übrigen muß bezweifelt werden, daß der durchschnittliche Routineauftraggeber eine wesentlich differenziertere Vorstellung von der Arbeit des Diagnostikers hat als der völlige Laie. So kann man also wohl davon ausgehen, daß zumindest *er*

- den Weg zum Psychologen mehr oder minder *zufällig* findet
- und nur sehr unklare oder überhaupt keine Vorstellungen hat, was ihn dort erwartet.

Es ist ganz klar, daß der Auftraggeber, der ohnehin durch seine Probleme und Schwierigkeiten belastet ist, durch dieses Nicht-Wissen zusätzlich kognitiv und emotional *verunsichert* wird. Verunsicherung führt aber leicht zu ambivalenten Erwartungshaltungen und Einstellungen. Und tatsächlich gehört es zum Stereotyp des Psychologen, daß sein Kompetenzbereich und seine Fähigkeiten selten sachgerecht eingeschätzt, sondern in der Regel *überschätzt* oder *unterschätzt* werden (eine Erfahrung, die der Leser auf jeder Gesellschaft machen kann, auf der er sich unvorsichtigerweise als Psychologe zu erkennen gibt). Dieses ambivalente Heterostereotyp wird in der affektiv geladenen Situation, in der man einen Psychologen *braucht*, außerordentlich verstärkt. COHEN (1962) hat diesen Sachverhalt sehr pointiert beschrieben:

»Einerseits überträgt man ihm [dem Psychologen] große Verantwortung bei Entscheidungen über seine Klienten, glaubt man, er sei mit einem besonderen Blick ausgestattet, der ihm erlaubt, in kürzester Zeit auch die intimsten Regungen seines Gegenübers zu erkennen; glaubt man, er vermöge mit seinen Tests wie ein Hellseher mit seiner Kristallkugel die Zukunft vorauszusehen; und glaubt man, er könne wie ein Heiliger helfen, wenn – aus welchen Gründen auch immer – die Produktion eines Betriebes sinkt, ein Kind in der Schule nicht mitkommt oder eine Ehe zu zerbrechen droht. – Andererseits aber begegnet man ihm mit extremer Skepsis, maßt sich ein Urteil über seine Leistungen an und hält seine Prognosen für Phantasmen, wenn sie mit dem eigenen Eindruck nicht übereinstimmen.« (S. 3)

Solche Aussagen entstammen vorwiegend der praktischen Erfahrung des Psychodiagnostikers. HOFSTÄTTER (1965) versuchte die Frage nach dem öffentlichen ›Image‹ (Stereotyp) des Psychologen und den Erwartungen, die man ihm entgegenbringt, empirisch anhand der ›Bildwahlmethode‹ zu überprüfen.

Bei diesem Verfahren werden Versuchspersonen gebeten, aus 15 Zeichnungen männlicher Köpfe drei auszuwählen, die am meisten, und drei, die am wenigsten aussehen wie – in diesem Fall – ein Psychologe. Der Methode »liegt die Annahme zugrunde, daß die Bildwahlen durch die Eigenschaften geleitet werden, die der Befragte dem Befragungsgegenstand zuzuschreiben bereit ist« (S. 259). Sind die (kulturspezifischen) Anmutungsqualitäten der Köpfe und ihre Affinität zu anderen Gegenständen oder Begriffen bekannt (zu ermitteln durch semantisches Differential[4] und Affinitätsanalyse), so ist es möglich, »aus den Bildwahlen Rückschlüsse zu ziehen auf die einem Gegenstand in der Vorstellung zugeschriebenen Eigenschaften« (S. 260).

Befragt wurden 232 Studierende unterschiedlicher Fachrichtungen und 300 Nichtakademiker, aufgeschlüsselt nach Männern, Frauen und Rekruten. Insgesamt ergab sich eine große ›Allgemeinheit‹ des Psychologenstereotyps. Die mittlere Rangkorrelation zwischen allen Versuchspersonen betrug Rho = 0.80, zwischen den Nichtakademikergruppen sogar Rho = 0.90 (Möglicher Höchstwert: Rho = 1.00).[5] So unterschiedliche Personengruppen wie Studenten, Hausfrauen und Rekruten haben also ein recht ähnliches Bild vom ›Psychologen‹. Wie aber sieht dieses Stereotyp nun aus? Die einfachste Formel, auf die es Hofstätter bringt, lautet:

»*Der Psychologe* wird auf der positiven Seite vor allem durch die Affinitäten zu den Begriffen *Vater, Mutter,* und *Intelligenz* charakterisiert. Vielleicht könnte man ihn als eine ›geistige Elternpersönlichkeit‹ bezeichnen ... Durchaus zu erwarten ist allerdings aus dieser Konstellation heraus eine Spannung zwischen der Elternrolle einerseits und der Ausrichtung auf sachliche Intelligenz andererseits.« (S. 265)

Denn, so schreibt Hofstätter weiter, »eigentlich wäre es verwunderlich, wenn die Trias von *Vater, Mutter* und *Intelligenz* nicht ständig in der Gefahr schwebte, zu zerfallen« (S. 266). Aufgrund einer sehr detaillierten Analyse des Psychologenstereotyps von Studierenden anderer Fachrichtungen befürchtet der Autor vor allem eine Aufspaltung der »geistigen Elternpersönlichkeit« in die positive Komponente des Schutz und Geborgenheit Bietenden und die negative der »bloß fachlichen Kompetenz«. So könnte es etwa geschehen, daß ein Psychologe, der sich um sachliche Haltung und rationale Analyse psychischer Erscheinungen und Störungen bemüht, unversehens zum »schlechten« Psychologen, zum herzlosen ›Psychotechniker‹ gestempelt wird, weil er dem komplexen Idealbild des ›richtigen‹ Psychologen nicht mehr entspricht. Abermals zeigt sich, wie sehr überhöhte Erwartungen und ideale Vorstellungen eine *ambivalente* Einstellung begünstigen können.

Wenn ich Hofstätter nicht völlig mißverstanden habe, scheint er übrigens seine Kollegen ermuntern zu wollen, an ihr freundliches ›Image‹ zu glauben und es auch praktisch zu verwirklichen. Ich weiß nicht so recht, ob wir als Psychologen die Mitglieder unserer Gesellschaft nicht lieber nach und nach von den Bindungen an ›geistige Führer‹, ›Elternpersönlichkeiten‹ und ›säkularisierte Seelsorger‹ (in dieser Rolle sieht Hofstätter den Psychologen) lösen und zur Selbständigkeit ermutigen sollten. Man mag solche Überlegungen als naiv abtun. Ich kann mich aber nicht dazu entschließen, mit Hofstätter (vgl. S. 270) die Entwicklung zum *other-directed-age* (Riesman) auch noch (halbwegs) gutzuheißen.

Daß der Auftraggeber, der sich einem Psychologen anvertraut, gleichzeitig Abwehrkräfte mobilisieren kann, dürfte inzwischen deutlich geworden sein. Er mag dies tun, weil ihm sein Problem etwas ›peinlich‹ ist, weil er eine ambivalente Einstellung zum Psychologen besitzt oder auch weil er letztlich glaubt, daß er sich in der Materie vermöge seines eigenen gesunden Menschenverstandes zumindest ebenso gut, wenn nicht besser auskennt als der Psychologe. Der Philosoph Ortega y Gasset hat diesen Sachverhalt in seinem Essay *Zur Psychologie des interessanten Mannes* treffend und sarkastisch charakterisiert:

»Wenn ein Arzt über die Verdauung spricht, so lauschen die Leute still und aufmerksam seinem Vortrag. Spricht aber ein Psychologe über die Liebe, so hören sie nur widerwillig zu, besser gesagt, sie schenken ihm überhaupt kein Gehör, werden sich des Gesagten überhaupt nicht bewußt, weil sich ein jeder für einen Experten auf diesem Gebiete hält.« (1957, S. 30)

Der Psychodiagnostiker muß damit rechnen, daß viele Auftraggeber keineswegs als hilflose und dankbare Ratsuchende zu ihm kommen, sondern daß sie eine Vielzahl an Einstellungen, Erwartungshaltungen, Vorurteilen und Vorentscheidungen hinsichtlich ihres Problems mitbringen. Häufig möchte der Auftrag-

geber seine eigene Auffassung vom Psychologen nur bestätigt erhalten, oder er hofft, daß ihm eine Entscheidung abgenommen wird. Er versucht, sich von seiner eigenen Verantwortlichkeit zu entlasten, oder er kauft sich im schlimmsten Fall einen Sündenbock, dem er später die Schuld geben kann, wenn sich eine Entscheidung als falsch herausgestellt hat. Im übrigen können die übertriebenen Erwartungen, die *wirklich* ratsuchende Auftraggeber an den Psychologen herantragen, eine wirksame Kommunikation gleichfalls – oft noch stärker – erschweren, weil sie gewöhnlich enttäuscht werden. Solche Auftraggeber haben dann oft kein Ohr für das Wenige aber Entscheidende, das ihnen der Psychologe zu sagen hat.
Fürs erste sei festgehalten, daß Einstellungen, Erwartungshaltungen, Motive und Vorurteile des Auftraggebers Kommunikationsbarrieren sind, mit denen der Psychologe rechnen und die er nach Möglichkeit überwinden muß.

Die Ausgangssituation des Psychodiagnostikers

In welcher allgemeinen Situation findet nun der Auftraggeber und später auch der Proband den *Psychodiagnostiker* vor? Es wurde schon erwähnt, daß die gesellschaftliche Rolle und Funktion des Psychologen und sein Selbstverständnis wenig konturiert sind. Einstweilen hat er sich noch mit einer ganzen Reihe von berufssoziologischen und berufsständischen Problemen herumzuschlagen. Der Beruf des *Arztes* ist in seiner jahrtausendealten Tradition fest im Wert- und Rollensystem der Gesellschaft verankert; der *Psychologe*, dessen Wissenschaft und Berufspraxis nicht älter sind als dieses Jahrhundert, ist noch auf der Suche nach einem umschriebenen Selbstbild und nach einer berufsständischen Ordnung und Sicherung.[6]
Es wird dem Leser aufgefallen sein, daß die Situation des Psychodiagnostikers wiederholt mit der des Arztes verglichen wurde. Und in der Tat sind sich ja nicht nur die beruflichen Tätigkeiten, sondern auch die Berufsrollen in mancher Hinsicht ähnlich. SPITZNAGEL zählt eine Reihe solcher Übereinstimmungen auf (1964 b, S. 160). So sind beide *Rollen* gekennzeichnet durch:

- ihre ›emotionale Neutralität‹;
- kollektivorientiertes und uneigennütziges Handeln;[7]
- die Verpflichtung, Aufgaben allein mithilfe sachlicher Mittel ohne persongebundene Wertungen zu bewältigen;[8]

– das universalistische, an einer Vielzahl von Kriterien orientierte und *zugleich* funktional spezifische Handeln, dessen Objekt, der Patient bzw. Proband, nur in einem bestimmten Ausschnitt bedeutungsvoll ist.

Trotz solcher Rollenkonvergenzen und ungeachtet des Umstands, daß Arzt und Psychodiagnostiker vielfach aufeinander bezogene und einander ergänzende Tätigkeiten ausüben, bestehen beträchtliche *Unterschiede* in der beruflichen Situation. Rolle, Tätigkeit und Kompetenzbereich des Psychologen sind nicht nur weniger umschrieben als die des Arztes, sondern auch in der Öffentlichkeit weniger bekannt und anerkannt. In Deutschland ist nicht einmal die Berufsbezeichnung ›Psychologe‹, sondern nur der akademische Grad ›Diplompsychologe‹ gesetzlich geschützt. »Bisher kann sich jedermann – ganz gleich, ob fachlich ausgebildet oder nicht – Psychologe nennen, eine Freiheit, von der reichlich und z. T. in grotesker Weise Gebrauch gemacht wird«, schreibt HOYOS in einer *Denkschrift zur Lage der Psychologie* (1964, S. 36). Die gesellschaftsbezogene Aktivität der psychologischen Berufsverbände ist in Deutschland einstweilen noch sehr gering und bietet dem praktisch tätigen Psychologen kaum einen Rückhalt. Die genannten Umstände beeinträchtigen zunächst einmal die berufliche Eigenständigkeit und Selbständigkeit des Psychologen. Ein Beweis dafür ist die vergleichsweise geringe Zahl der freiberuflich arbeitenden Psychologen,[9] insbesondere der Psychodiagnostiker. Die meisten Psychologen sind angestellte oder beamtete Arbeitnehmer in Kliniken, Einrichtungen der öffentlichen Hand oder in Betrieben. Und selbst die wenigen selbständigen Psychologen suchen Anlehnung an Institutionen und sind somit ökonomisch und in ihrem Selbstverständnis von ihnen abhängig.

Auch der Umstand, daß die Fähigkeiten des Psychologen selten realistisch beurteilt, sondern eher *unterschätzt* oder *überschätzt* werden, hat Auswirkungen auf sein Selbstbild. Je nachdem, wie er auf das übertriebene Vertrauen oder Mißtrauen seiner Auftraggeber reagiert, wird sein Autostereotyp allmählich die Züge eines ›Doktor Allwissend‹ oder eines ›bescheidenen Gehilfen‹ annehmen. Er läuft Gefahr, auf sein magisches Image hereinzufallen oder sich mit Selbstzweifeln zu quälen. Daß solches weder dem Auftraggeber noch dem Probanden verborgen bleibt und wiederum dessen Verhalten beeinflußt, kann kaum bezweifelt werden.

Schließlich bleibt die geringe Öffentlichkeit der Rolle des

Psychologen und seine Abhängigkeit nicht ohne Auswirkungen auf sein *Sozialprestige*. SPITZNAGEL (1964 b, S. 165 ff.) ließ einen Paarvergleich hinsichtlich des Prestiges von folgenden 7 Berufen durchführen: Arzt, Seelsorger, Richter, Ingenieur, Psychologe, Beamter und Kaufmann. Er wählte drei Gruppen von Einstufern, 42 männliche und 46 weibliche Psychologiestudenten im ersten Studiensemester (Durchschnittsalter: 22 Jahre) und 46 gleichaltrige Polizeischüler. Die Rangkorrelation der Einstufungen zeigten eine hohe Einheitlichkeit der Beurteilungen des Sozialprestiges der einzelnen Berufe. Es korrelierten die Einstufungen der Polizisten mit denen der männlichen Studenten mit Rho = 0,87, die der Polizisten mit den weiblichen Studenten mit Rho = 0,88 und die der beiden Studentengruppen untereinander mit Rho = 0,86.[10] Über alle Gruppen hinweg erhielt der Beruf des Arztes einen durchschnittlichen Rangplatz von 1,3, der des Richters von 2, der des Seelsorgers von 3 und der des Psychologen von 3,7. Spitznagel leitet aus diesem Ergebnis an Schlußfolgerungen ab:

1. Traditionelle Berufe wie Arzt, Richter und Seelsorger genießen nach Ansicht der Einstufer ein höheres Sozialprestige als der Psychologe.
2. Psychologiestudenten schätzen ihr eigenes Sozialprestige realistisch ein.

Das relativ geringe Sozialprestige des Psychologen kommt in der Praxis überall dort zum Ausdruck, wo Psychologen mit Angehörigen anderer Berufe zusammenarbeiten (von denen sie gewöhnlich zum Hilfspersonal gerechnet werden).

Im Vorlesungsverzeichnis der Universität Freiburg sind die *klinischen Psychologen*, auch wenn sie die Planstelle eines wissenschaftlichen Assistenten innehaben, am Ende der sonst in alphabetischer Reihenfolge genannten Assistenten oder gesondert aufgeführt. Überhaupt ist die Position des Psychologen an einer Klinik besonders problematisch. Viele Ärzte betrachten die Psychologie noch immer mit einer gewissen Geringschätzung, oder sie begegnen dem – vermeintlichen – Anspruch des Psychologen auf ärztliche Domänen und Privilegien mit Mißtrauen und Ablehnung. Hinzu kommt ein spezielles, aber nicht unerhebliches *Statusproblem*. Ein Psychologe hat es sehr viel schwerer, den Doktortitel zu erwerben, als ein Mediziner. Der gewöhnlich unpromovierte Psychologe ist sowohl gegenüber den ausnahmslos promovierten ärztlichen Kollegen wie gegenüber den Patienten von vornherein im Prestigerückstand.
Von künftigen *Schulpsychologen* wird in der Regel eine zusätzliche Volksschullehrerausbildung verlangt, ehe sie als voll einsatzfähig gelten (vgl. HOYOS, 1964, S. 43).

Es gibt in Deutschland nur etwa 15 Psychologen, die Spitzenpositionen in der *Wirtschaft* (Personalchef) innehaben (vgl. *Der Spiegel*, Nr. 33, 1969, S. 46).
Bei der *Bundeswehr* stehen die Ärzte im Offiziersrang, die Psychologen gehören zum zivilen Personal. Das sichert ihnen zwar eine gewisse Unabhängigkeit von der militärischen Hierarchie, bringt aber andererseits beträchtliche Prestigeeinbußen mit sich.

Es hat im übrigen den Anschein, als werde die *Wirksamkeit* psychologischer Praxis in unserer Gesellschaft vielfach weit überschätzt – in jüngster Zeit besonders von politisch linksorientierten Kreisen der Studentenschaft. In Wirklichkeit ist der Einfluß der Psychologie in unserer Gesellschaft einstweilen noch minimal. Und wenn sich die Psychologie etwas zuschulden kommen ließ, dann waren es eher Unterlassungssünden als tätige Sünden.
Man könnte vermuten, daß auch das relativ geringe Sozialprestige des Psychologen nicht ohne Wirkung auf sein *Selbstgefühl* bleibt. Dieser Frage ist HOFSTÄTTER (1965) in zwei empirischen Studien nachgegangen; anhand einer Fragebogenuntersuchung von 51 Psychologiestudenten und 99 Studierenden anderer Fachrichtungen erkundete er:
1. Was denken Nichtpsychologen über Psychologen? *(Fremdbild)*
2. Was denken Psychologen über sich selbst? *(Selbstbild)*
3. Was glauben Psychologen, wie Nichtpsychologen über sie denken? *(Vermutetes Fremdbild)*

Ein Vergleich dieser drei ›Bilder‹ zeigte folgenden Sachverhalt: Psychologen schätzen sich selbst und ihren Beruf recht positiv ein, vermuten aber, daß sie bei Nichtpsychologen ein sehr schlechtes ›Image‹ haben; in Wirklichkeit beurteilen Nichtpsychologen Psychologen insgesamt ebenso günstig, wie diese sich selbst. Entsprechende Ergebnisse fand Hofstätter in einer zweiten Untersuchung mit der Methode des Polaritätsprofils.[11] Der Autor kommentiert:

»Dieser Befund legt die Vermutung nahe, daß Psychologen – zumindest aber Studierende dieses Faches – zu Besorgnissen neigen, die tatsächlich weitgehend unberechtigt sind. Diese Befürchtungen scheinen sich allerdings nicht im Selbstbild, sondern im vermeintlichen Fremdbild niederzuschlagen. Gerade das aber dürfte für das Selbstgefühl der Vertreter eines sich hauptsächlich im zwischenmenschlichen Kontakt entfaltenden Berufes von besonderer Bedeutung sein.« (S. 255)
»Unter Umständen könnte deshalb eine der Aufgaben des akademischen Lehrers gerade darin erblickt werden, die angehenden Psychologen rechtzeitig vor der in unserem Beruf vielleicht häufiger als anderswo anzutreffenden Mißdeutung des eigenen sozialen Erscheinungsbildes zu

warnen. Manchmal frage ich mich, ob dadurch nicht ein unbeschwerteres, in eben dem Maße gesünderes und im Kontakt auch durchsetzungsfähigeres Selbstgefühl des Standes zu gewinnen wäre.« (S. 259)

Doch zurück zum *Psychodiagnostiker*, der, sagen wir, eine eigene Praxis hat oder der in einer Institution beschäftigt ist, die ihm ein relativ breites diagnostisches Betätigungsfeld bietet. Mit welcher Art von Auftraggebern und Aufträgen hat er es zu tun? Ich möchte in aller Kürze die wichtigsten nennen und gleichzeitig auf typische Konflikte hinweisen, in die der Psychodiagnostiker durch bestimmte Aufträge geraten kann, Konflikte, die oft sein ganzes weiteres Verhalten und das seiner Probanden nachhaltig bestimmen.

Da gibt es zunächst die Möglichkeit, daß *Auftraggeber und Proband identisch* sind. Ich habe einige diplomierte Psychologen und Psychologiestudenten beiläufig gefragt, was sie eigentlich von einem Abiturienten oder einem Studenten hielten, der als Auftraggeber zu ihnen komme, um für sich selbst eine Studien- und Berufsberatung zu erhalten. Abgesehen davon, daß einige der Befragten ganz negativistisch erklärten, mit dieser Aufgabe seien sie im Grunde überfordert, da fehlten ihnen die Methoden, die Einsicht in die Berufsbilder usw., zeigten sich zwei Grundeinstellungen, die einander überraschenderweise deutlich entgegengesetzt sind:

- Die einen Kollegen hielten unseren Primaner oder Studenten für einen durchaus vernünftigen Mann, der alle Informationsmöglichkeiten ausnütze, bevor er eine Entscheidung treffe, der aufgeschlossen und interessiert sei und seine Entscheidungen rational vorbereite.
- Die anderen Kollegen begegneten ihm mit einem gewissen Mißtrauen, fragten sich, was denn aus ihm werden solle, wenn er nicht einmal seine Berufswahl treffen könne, und vermuteten eine neurotische Fehlhaltung oder sogar ganz andere Gründe hinter seinem Auftrag.
- Bei manchen Kollegen fanden sich auch beide Einstellungen, etwas weniger umschrieben, nebeneinander.

In dieser beiläufigen Umfrage, die man vielleicht einmal etwas systematischer durchführen sollte, zeigt sich bereits, wie unterschiedlich und ambivalent Psychodiagonostiker auf eine ganz alltägliche Auftragssituation reagieren und was für Einstellungen sie dabei entwickeln können. Von emotionaler Neutralität, wie sie zur Rolle gehört, ist hier offensichtlich keine Spur. Die einen fühlen sich als Experten geschmeichelt, die anderen reagieren fast hypochondrisch. Es müßte seltsam zugehen, wenn diese Einstellungen des Psychodiagnostikers ohne Einfluß auf die weitere Untersuchung und Beratung blieben.

Die andere Möglichkeit besteht darin, daß *Auftraggeber und Proband nicht identisch* sind; der Proband wird von einer dritten Person zur Untersuchung geschickt. Hier ergibt sich immer das Problem, ob der Proband freiwillig oder gezwungenermaßen kommt. Der freiwillige Proband und der Zwangsproband stellen den Psychodiagnostiker vor zwei recht verschiedene Auftragssituationen. Er muß mit sich selbst ausmachen, ob er den Zwangsprobanden überhaupt annimmt (in der Regel tut er es dann doch!); er muß damit rechnen, daß ihm der Zwangsproband Schwierigkeiten bei der Untersuchung macht und er muß schließlich auch sein Verhältnis zum Auftraggeber klären. Doch wenden wir uns einigen typischen Auftragssituationen zu.

1. *Eltern schicken ihr Kind zur Erziehungs-, Schul- oder Berufsberatung.* Hier tragen die Eltern oft ihre eigene Problematik in die Untersuchung hinein, oder das Problem liegt überhaupt ganz bei ihnen. Der Psychologe, der doch ausgleichen, vermitteln und beraten sollte, gerät dabei oft in Gefahr, Partei zu ergreifen oder gar von den beiden Parteien ausgespielt zu werden.
2. *Der Auftraggeber ist ein Arzt.* In der Praxis kommt das allerdings nur selten vor; solche Aufträge bleiben weitgehend auf Kliniken und ähnliche Institutionen beschränkt. Hier ist besonders die Gefahr der Konkurrenzsituation gegeben. Das Prestigedenken des Psychodiagnostikers wird aktiviert, gleichzeitig aber auch sein Sicherungsbedürfnis.
3. *Der Auftraggeber ist Personalchef* eines Betriebes oder eines Industrieunternehmens. Hier kommt es im Unterschied zu anderen Aufträgen häufig vor, daß der Diagnostiker den Probanden gar nicht sieht, sondern ein Eignungsgutachten anhand einer Schriftprobe erstellt.[12] Begutachtung bedeutet in der Regel freiwilligen Zwang für den Probanden. Im übrigen sieht sich der Psychologe bei einem solchen Auftrag mit einer Situation konfrontiert, in der es in erster Linie um die Interessen des Auftraggebers und nicht um die Interessen des Probanden geht.[13] Für etwas sensiblere Psychologen sind unter diesen Umständen Konflikte unvermeidbar. Daß sich solche Konflikte im Gutachten niederschlagen, ist wahrscheinlich.
4. *Der Auftraggeber ist ein Gericht.* Es soll ein forensisch-psychologisches Gutachten angefertigt werden, etwa zur Frage der Glaubwürdigkeit eines jugendlichen Zeugen oder zur Täterpersönlichkeit. Hier handelt es sich um Probanden, die zu-

mindest unter ›freiwilligem Zwang‹ stehen und die gewöhnlich stark emotional belastet sind. Der Psychodiagnostiker wird in den ganzen formalistisch-ritualisierten und autoritativen juristischen Apparat hineingezogen und sieht sich Auffassungen und Wertmaßstäben konfrontiert, die möglicherweise nicht seine eigenen sind. Außerdem kann sich der Psychologe indirekt aufgefordert fühlen, nicht nur als *Diagnostiker*, sondern auch als *Detektiv* zu fungieren. Bei forensischen Gutachtenaufträgen ist die Verunsicherung des Psychodiagnostikers wohl am größten, nicht zuletzt deshalb, weil Entscheidungen hier oft weitreichende Konsequenzen haben.

Es war bisher viel von der *Verunsicherung* des Psychodiagnostikers die Rede, und der Leser mag das für etwas übertrieben halten. Deshalb sei am Ende dieses Abschnitts noch das Ergebnis einer empirischen Untersuchung referiert, das zwar häufig zitiert, aber offenbar sehr wenig zur Kenntnis genommen wird. Von 1000 klinischen Psychologen in den USA, die THORNE (1961) gebeten hatte, anhand eines Fragebogens einen Fall zu schildern, bei dem sie eine Fehldiagnose gestellt hatten und die vermeintlichen Gründe dafür zu nennen, antworteten nur 71 (7,1 %), darunter 42, die weniger als 10 Jahre und nur 7 die mehr als 20 Jahre Berufspraxis hatten. Selbst in dem weit psychologiefreundlicheren Amerika verleugnen und verdrängen die Psychologen offenbar ihre Probleme – und offenbar um so mehr, je kritischer sie aufgrund ihrer langen Erfahrung sein sollten. Die positive Verstärkung durch die eigene Tätigkeit scheint jedenfalls ganz beträchtlich zu sein.

Man könnte natürlich einwenden, daß ein solches Ergebnis wenig über Psychologen aussage, bevor man nicht mit Ärzten oder Juristen die Probe aufs Exempel gemacht habe. Dieser Einwand sei natürlich akzeptiert. Immerhin ist diese Studie, auch isoliert betrachtet, vielsagend, weil man von Psychologen vielleicht ein höheres Maß an kritischer Einsicht in die eigene Tätigkeit verlangen könnte als von Angehörigen anderer Berufe.

Die Auftragssituation

Bisher ging es um einige psychologische und soziale Voraussetzungen, unter denen der Diagnostiker und sein Auftraggeber in die psychodiagnostische Situation eintreten. Nun sitzt uns der Auftraggeber gegenüber und versucht, uns sein Problem zu schildern.

Das gelingt nicht ohne Schwierigkeiten. Sehen wir einmal von der Möglichkeit ab, daß er Hemmungen hat, über sein Problem zu sprechen. Wichtiger ist vielfach der Umstand, daß er uns sein Problem nicht recht klarmachen kann, daß es ihm vielleicht selbst nicht ganz klar ist. Die meisten Auftraggeber verfügen weder über die sachliche Orientierung noch über ein angemessenes Begriffssystem, um ihr Problem einzuordnen und unmißverständlich darlegen zu können. Man vergegenwärtige sich, wie unbeholfen manchmal auch Gebildete über psychologische Sachverhalte sprechen. Die erste Kommunikationsbarriere zwischen dem Diagnostiker und seinem Auftraggeber ist also *semantischer* Natur. Der Diagnostiker spricht oder denkt zumindest in seiner psychologischen Fachsprache, der Auftraggeber in der Umgangssprache. Gewiß überschneiden sich beide Sprachen in vielen ihrer Elemente, aber selbst formal identische Begriffe können in wichtigen Nuancen voneinander abweichen oder gar weitgehende Bedeutungsinkongruenz aufweisen, von der Vieldeutigkeit der meisten umgangssprachlichen Begriffe ganz zu schweigen. Einstweilen sollen diese etwas summarischen Feststellungen genügen, um den Gedankengang weiterzuverfolgen; im Abschnitt über das Gutachten wird dieses Problem etwas ausführlicher dargestellt.

Manche Diagnostiker nehmen die Auftragssituation auf die leichte Schulter. Oft werden Aufträge telefonisch oder gar schriftlich erteilt und entgegengenommen, was bei Routinesachen – falls es die gibt – allenfalls angehen mag, oder der Diagnostiker nimmt sich nicht genügend Zeit, den Auftrag mit dem Auftraggeber sorgfältig durchzusprechen. Die Gründe dafür können unterschiedlich sein. So mag der Diagnostiker vorschnell überzeugt sein, das Problem des Auftraggebers erkannt zu haben und zu wissen, worauf es diesem ankommt. Das ist die Attitüde des Routiniers, der schulterklopfend sagt: »Das ist mein täglich' Brot, das werden wir gleich haben.« Oder aber der Diagnostiker merkt sehr wohl, daß er sich mit dem Auftraggeber auf Anhieb nicht so richtig verständigen kann. Er hält es aber für wenig förderlich, mit ihm weiter *über* den Fall zu reden, sondern er drängt *in den Fall hinein* in der Überzeugung, es werde sich alles klären, wenn er erst einmal den Probanden und seine Testbefunde gesehen habe. Diese Attitüde ist typisch für den Diagnostiker, der sich an seine Methoden klammert, anstatt zuerst einmal die Voraussetzungen ihrer Anwendung im speziellen Fall zu prüfen. Beide Typen von Diagnostikern verwenden mit Vorliebe ihre Standardtestbatterien und verfassen im besten

Fall quasiliterarische Gutachten mit dem Anspruch auf eine globale Beschreibung der Persönlichkeit, in der stillen Hoffnung, das Problem des Auftraggebers werde sich auf der so gewonnenen Seelenlandkarte schon irgendwie lokalisieren lassen.

»Sofern psychologisches Diagnostizieren zu praktischen Zwecken betrieben wird«, schreibt HOLZKAMP, »ist es immer die Antwort auf die Frage eines Auftraggebers« (1966, S. 21). Natürlich kann und soll das nicht heißen, daß sich der Psychologe sklavisch der Perspektive des Auftraggebers unterwerfen muß, aber dessen Frage bildet den Ausgangspunkt jeder praktischen Diagnostik. Vom richtigen Verständnis des Auftrags hängt es ab, welche Untersuchungshypothesen der Diagnostiker ansetzt und welche Verfahren er auswählt. Wenn ein Diagnostiker die Frage eines Auftraggebers nicht beantworten *kann* oder *will*, steht es ihm frei, eine andere Fragestellung vorzuschlagen oder den Auftrag abzulehnen.

Zwischen der Frage des Auftraggebers und ihrer Beantwortung durch den Diagnostiker liegen zumindest fünf *Übersetzungsvorgänge:*

1. Der Diagnostiker muß die umgangssprachlich gestellte Frage des Auftraggebers in die psychologische Fachsprache übersetzen. Bleiben wir bei einem Beispiel von Holzkamp: Eine Mutter klagt über die ›Nervosität‹ ihres Kindes. Der Diagnostiker muß herausfinden, was sie darunter versteht: Konzentrationsmangel? Welcher Art? Motorische Unruhe? Neurotische, vegetative Symptome? Welcher Art? usw.
2. Wenn der Diagnostiker das, was die Mutter beschreiben will, fachpsychologisch einordnen und abgrenzen kann, muß er die so gewonnenen Informationen in Untersuchungshypothesen umsetzen.
3. Die Untersuchungshypothesen selbst müssen operationalisiert werden, d. h. der Diagnostiker muß sich überlegen, anhand welcher Methoden er a) Existenz und Ausprägung des vermuteten Phänomens nachweisen und b) dessen psychodynamische oder sonstige Hintergründe aufdecken kann.
4. Durch die Untersuchung gewinnt der Diagnostiker Befunde, die in der Sprache des jeweiligen Verfahrens, etwa in einer Testsprache, formuliert sind (z. B. extratensiver Erlebnistypus, IQ von 80). Dieses ›Testchinesisch‹ muß er in die allgemeinpsychologische Fachsprache rückübersetzen. Endergebnis dieser Übersetzung sind psychologische Aussagen oder Aussagen-Komplexe.
5. Diese Aussagen müssen aus der psychologischen Fachsprache

in die Sprache des Auftraggebers rückübersetzt werden, damit dieser die Antwort auf seine Frage versteht.

Jeder dieser Übersetzungsvorgänge ist mit Schwierigkeiten verbunden und Fehlern behaftet, weil es einstweilen keine präzisen Übersetzungsregeln gibt. So ist es keineswegs immer klar, welche allgemeinpsychologischen Begriffe durch die einzelnen Verfahren operationalisiert werden können, was ein bestimmter Test nun eigentlich erfaßt. Jeder Gutachter kennt aus eigener Erfahrung die mühevolle Aufgabe, das ›Testchinesisch‹ wenigstens psychologisch zu übersetzen. Während diese Unzulänglichkeiten der psychodiagnostischen Artikulation vom selbstkritischen Psychologen wenigstens noch bemerkt werden, wird der Umstand, daß sich die Umgangssprache und das fachpsychologische Esperanto in großen Teilen wie Fremdsprachen zueinander verhalten, weitgehend übersehen. Wenn sich auch Psychologen mit ihrem fachlichen Kauderwelsch zu verständigen glauben, so ist das noch lange kein Beweis, daß sie auch von Laien verstanden werden. Hier müßte die Forschung ganz intensiv einsetzen. Was man für die Psychodiagnostik notwendig brauchte, sind regelrechte umgangssprachlich-fachpsychologische Wörterbücher, deren Brauchbarkeit allerdings für bestimmte Bildungsstufen und Berufsgruppen jeweils überprüft werden müßte. Holzkamp macht den Vorschlag, Techniken der Sprachpsychologie, etwa das semantische Differential, Definitionsverfahren und Inhaltsanalyse für die Lösung kommunikativer Probleme in der Psychodiagnostik einzusetzen. Aufgrund einer solchen »allgemeinen semantischen Analyse nichtpsychologischer Redeweisen« müßten dann Skalierungsverfahren und Begriffsschemata entwickelt werden, anhand derer der Auftraggeber sein Problem einigermaßen objektivieren kann. Holzkamp führt dazu weiter aus:

»Voraussetzung für die sinnvolle Verwendung solcher Begriffsschemata wäre einmal, daß sie durch gründliche empirische Untersuchungen den Bedürfnissen der verschiedenen Auftraggeber angepaßt sind, und zum anderen, daß eindeutige Übersetzungsregeln geschaffen werden, mit denen die begrifflichen Fixierungen des jeweiligen Auftraggebers mit der psychodiagnostischen Sprache in Beziehung gebracht und damit zur Grundlage für die diagnostische Aktivität gemacht werden können.« (1966, S. 23)

Wenn wir in unserer psychodiagnostischen Arbeit keinen wirkungsvollen Kontakt zum Auftraggeber finden, nützt es uns wenig, unsere Methoden immer weiter zu verbessern. Holzkamp geht aber noch einen Schritt weiter. In seinem Aufsatz steht eine Bemerkung, die – isoliert betrachtet – etwas überspitzt klingt. Der Autor ist der Meinung, »daß eine Eignungsuntersuchung nicht dann ihren Zweck voll erfüllt hat, wenn der Proband sich ›tatsächlich‹ in der Position, für die er vorgesehen ist, bewährt, sondern wenn der Auftraggeber zu dem Urteil kommt, daß der Proband sich bewähre«. (1966, S. 25)[14] Holzkamp bezieht sich hier auf den Umstand, daß das spätere Urteil des Auftraggebers über den Probanden und damit auch über die Qualität des psychologischen Gutachtens nicht allein vom Verhalten des Probanden, sondern auch von seinen eigenen Einstellungen, Erwartungshaltungen und Bedürfnissen einerseits und von der spezifischen Bewährungssituation andererseits abhängt. Für den Psychodiagnostiker genügt es also nicht zu wissen, welches *Problem* der Auftraggeber hat, sondern er muß wissen, welche *Umstände* zu diesem Problem geführt haben und wie die Problemsituation in Zukunft aussehen wird. Der Psychodiagnostiker kann sich ferner nicht damit zufrieden geben, mit Verfahren zu arbeiten, die im allgemeinen zu gültigen Aussagen über einen Probanden führen mögen, sondern er muß sich die Frage stellen, ob seine Aussagen auch für jene ganz besondere Bewährungssituation valide sein werden, in der sich der Auftraggeber später sein Urteil über die psychologische Prognose und ihre Brauchbarkeit bilden wird.

Im einzelnen verlangt Holzkamp:

1. eine systematische Analyse der besonderen Bewährungssituation im speziellen Fall;
2. Untersuchungen, die so angelegt sind, daß die zu erwartenden Befunde für die spezielle Bewährungssituation repräsentativ sind;
3. eine systematische Analyse typischer Bewährungssituationen;
4. spezielle Tests für solche typischen, häufig wiederkehrenden Bewährungssituationen;
5. eine Analyse der Determinanten des Wahrnehmens und Urteilens solcher Personen, die das Verhalten des Probanden in der Bewährungssituation beurteilen, also eine Art Auftraggebertypologie;
6. für den Einzelfall Aufschluß über Bedürfnisfaktoren und Persönlichkeitsvariablen des jeweiligen Auftraggebers.

Holzkamp erhebt allen Ernstes die eingestandenermaßen etwas utopische Forderung, daß nicht nur der Proband, sondern auch der Auftraggeber psychodiagnostisch untersucht werden müsse, wenn sich ein diagnostisches Urteil bewähren solle. Solche For-

derungen scheitern, so wird man einwenden, am Widerstand der Auftraggeber und am Zeitmangel. Beides sind grundsätzlich keine stichhaltigen Einwände. Der Psychodiagnostiker muß überhaupt erst einmal ein vernünftiges Verhältnis zum Zeitaufwand gewinnen. Der Psychiater verlangt 6 Wochen stationärer Beobachtung, ehe er ein Urteil über die Zurechnungsfähigkeit eines Patienten abgibt. Der Psychodiagnostiker bekommt bereits ein schlechtes Gewissen, wenn er seinem Probanden einen vollen Untersuchungstag zumutet.
Auch das Dreiecksverhältnis Auftraggeber-Proband-Diagnostiker muß vom Psychologen stärker reflektiert werden als er es üblicherweise tut. Der Psychodiagnostiker fühlt sich, nicht zuletzt aufgrund seiner sozialen Abhängigkeiten, in erster Linie dem Auftraggeber verpflichtet und betrachtet diesen als eine Konstante innerhalb seiner Gutachtertätigkeit. Von Angehörigen eines sozialen Berufes, wie es Psychologen schließlich sind, muß billigerweise gefordert werden, daß sie sich auch ihrer Verpflichtung gegenüber dem Probanden bewußt werden und den Auftraggeber als eine Variable begreifen, deren Ausprägungsform sie kennen müssen, um verläßliche und verantwortungsvolle diagnostische und prognostische Urteile abgeben zu können.[15]

Rechtliche Probleme

Die Beauftragung eines Psychologen und die Übernahme eines Auftrages wirft nicht nur soziale und sozialkommunikative, sondern auch rechtliche Probleme auf. Und hier ist eine doppelte Merkwürdigkeit zu verzeichnen. Einerseits kommt der Psychologe während seiner Ausbildung und auch später selten oder nie mit diesen Problemen in Berührung, andererseits kommt es offenbar ebenso selten oder nie vor, daß eine psychodiagnostische Untersuchung oder ein psychologisches Gutachten rechtliche Konsequenzen für den Psychologen oder den Auftraggeber hat, jedenfalls ist mir ein solcher Fall bisher nicht bekannt geworden. Das mag mehrere Gründe haben: Entweder werden im Rahmen der psychologischen Begutachtungstätigkeit Rechtsnormen praktisch nicht verletzt, oder entsprechende – durchaus mögliche – Verletzungen werden von den Beteiligten als belanglos betrachtet oder gar nicht bemerkt.
Die psychologische Klientenbeziehung impliziert eine zivilrechtliche und eine strafrechtliche Problematik. *Zivilrechtlich* gesehen

schließen Auftraggeber und Psychologe einen Vertrag; *strafrechtlich* von Interesse ist der Sachverhalt, wenn der Psychologe sein besonderes Vertrauensverhältnis zum Auftraggeber oder zum Probanden mißbraucht, indem er dritten Personen unbefugterweise Untersuchungsbefunde mitteilt. In den *Berufsethischen Verpflichtungen für Psychologen* sind beide Gesichtspunkte zumindest mittelbar thematisiert. Der »Verpflichtung zur Verschwiegenheit« ist ein ganzer Abschnitt gewidmet,[16] und verschiedentlich wird die Notwendigkeit betont, Klienten und Auftraggeber vor der Untersuchung auf die »Implikationen der Klientenbeziehung« hinzuweisen[17] – eine Bemerkung, die allerdings dem Vertragscharakter dieser Beziehung nicht ausreichend und ausdrücklich Rechnung trägt.

Fragt man nach der Rechtslage, so könnte es zunächst strittig sein, ob die Vereinbarung einer psychologischen Begutachtung einen *Dienstvertrag* oder einen *Werkvertrag* darstellt. Nach einer Entscheidung des BGH vom 8. 12. 1966 ist – etwa – »die Vereinbarung über die Erstattung eines Gutachtens durch einen *Diplomingenieur* [Hervorhebung vom Verf.] ... in der Regel kein Dienst-, sondern ein Werkvertrag« (Neue Juristische Wochenschrift 1967, 16, S. 719). In der Begründung dieses Urteils heißt es:

»Beim Dienstvertrag wird eine Tätigkeit als solche geschuldet, beim Werkvertrag dagegen der Erfolg. Demgemäß trägt bei letzterem der Unternehmer [hier: der Gutachter] die Gefahr und hat in der Regel einen Vergütungsanspruch nur bei Ablieferung des Arbeitsergebnisses [hier: des Gutachtens], während beim Dienstvertrag bereits das Tätigwerden den Leistungsinhalt darstellt.« (Ebd., S. 720)

Es darf angenommen werden, daß auch die Vereinbarung einer psychodiagnostischen Untersuchung in aller Regel als *Werkvertrag* zu gelten hat (§§ 631 ff. BGB), wobei es gleichgültig ist, ob das geschuldete »Werk« in einem schriftlichen Gutachten oder in einer mündlichen Besprechung der Untersuchungsbefunde besteht. Ein Dienstvertrag (geregelt nach §§ 611 ff. BGB) zwischen einem Psychodiagnostiker und seinem Auftraggeber ist kaum vorstellbar, weil diesem nicht damit gedient sein kann, daß jener lediglich Arbeitskraft zur Verfügung stellt und etwa eine Untersuchung ›durchführt‹, was allein den Zweck des Auftrags ja nicht erfüllt.

Der Werkvertrag verpflichtet den Psychodiagnostiker etwa zu einer mündlichen Besprechung der Untersuchungsergebnisse oder zur Erstellung eines Gutachtens, den Auftraggeber zur Zahlung der vereinbarten Vergütung (§ 631 BGB). Wurde die Höhe der

Vergütung vorher nicht bestimmt, so gilt – wenn es keine Taxe gibt – die »übliche Vergütung« als vereinbart (§ 632 BGB). Durch einen Werkvertrag verpflichtet sich der Diagnostiker ferner, ein Gutachten zu erstellen (bzw. ein Gespräch zu führen), das die *zugesicherten Eigenschaften* hat (falls solche zugesichert wurden) und nicht etwa Mängel aufweist, die seine Brauchbarkeit im Hinblick auf den angegebenen Verwendungszweck mindern oder gar aufheben (§ 633 BGB). Ein »mangelhaftes« Gutachten, in dem etwa eine wichtige Frage nicht oder nicht ausreichend beantwortet ist, darf der Gutachter nach Werkvertragsrecht *überarbeiten* («nachbessern«). Angesichts des besonderen Vertrauensverhältnisses zwischen Auftraggeber und Gutachter ist es allerdings fraglich, ob ein solches Nachbesserungsrecht wirklich (in jedem Fall) besteht oder ob es vom Gutachter in Anspruch genommen würde. Bei einem »mangelhaften« Gutachten kann also der Auftraggeber die Beseitigung des Mangels oder eine Senkung des Honorars verlangen. *Schadenersatz* wegen Nichterfüllung des Vertrags (§ 635 BGB) kann verlangt werden, wenn dem Gutachter zumindest fahrlässig begangene fachliche Fehler nachgewiesen werden können (ein Gutachten, dessen – fachlich vertretbarer – Inhalt den Erwartungen des Auftraggebers nicht entspricht, fällt natürlich nicht unter diese Regelung). Schadenersatzforderungen könnten etwa die Kosten für das Gutachten eines anderen Gutachters umfassen. Nach Werkvertragsrecht ist der Auftraggeber verpflichtet, bei der *Herstellung des Werkes*, also bei der Erstellung des Gutachtens bzw. der dafür erforderlichen vorbereitenden Arbeit *mitzuwirken*, wenn dies notwendig ist (§ 642 BGB). Auf den Fall der psychodiagnostischen Praxis übertragen heißt das: Der Auftraggeber muß Auskünfte geben, (Test-) Untersuchungen ermöglichen usw., die Voraussetzung für die Erstellung des Gutachtens sind. Unterläßt der Auftraggeber eine notwendige Mitwirkung und wirkt er auch nach Mahnung nicht mit, so kann der Gutachter eine angemessene Entschädigung verlangen, falls er den Auftrag nicht wie vorgesehen durchführen kann. Die Höhe der Entschädigung bemißt sich danach, was der Gutachter bei anderweitiger Verwendung seiner Arbeitskraft hätte erwerben können. Bis zur Fertigstellung des Gutachtens (bzw. der Durchführung des Beratungsgesprächs) kann der Auftraggeber den Vertrag jederzeit *kündigen*. Tut er das, so behält der Gutachter seinen Anspruch auf das vereinbarte Honorar; er muß sich nur ersparte Aufwendungen und böswillig unterlassene andere Verwertung seiner Arbeitskraft abziehen lassen (§ 649 BGB). Kündigt der Psychodiagnostiker, so erlischt sein Anspruch auf Honorar. Der Werkvertrag umfaßt also – um es noch einmal zusammenzufassen – folgende wesentliche Bestimmungsstücke: Zahlungs- und Mitwirkungspflicht des Auftraggebers, Qualitätshaftung des Gutachters und gegebenenfalls Schadensersatzverpflichtung.

Es ist mir, wie gesagt, nicht bekannt, daß ein Begutachtungsauftrag irgendwann konkrete zivilrechtliche Konsequenzen gehabt hätte. Der Diagnostiker ist trotzdem gut beraten, wenn er – zumindest in besonderen Fällen – vor der Übernahme eines Auftrags mögliche Rechtsfolgen sorgfältig bedenkt. Während einer psychodiagnostischen Untersuchung können sich etwa Gründe ergeben – um nur ein Beispiel zu nennen –, die *gegen* die Erstattung eines *schriftlichen Gutachtens* sprechen (vgl. S. 98). Weigert sich der Gutachter nachträglich, ein Gutachten herauszugeben, könnte ihm das als Vertragsbruch angelastet werden. Der Diagnostiker sollte sich deshalb gegebenenfalls vorbehalten, in welcher Form er dem Auftraggeber das Untersuchungsergebnis mitteilt.

Nicht genug gewarnt werden kann auch vor der Erstattung von *Gefälligkeitsgutachten*, die gegen die berufsethischen Verpflichtungen des Psychologen verstoßen und außerdem ganz erhebliche zivilrechtliche Konsequenzen unter dem Aspekt der Schadenersatzverpflichtung gegenüber Dritten, die sich auf die Richtigkeit des Gutachtens verlassen, haben können.

Man stelle sich folgenden Fall vor: Jemand bittet einen ihm bekannten Psychologen um ein Gutachten, das er bei seiner Bewerbung für eine gehobene Stellung vorlegen möchte. Der Psychologe erklärt den Probanden aus Gefälligkeit und wider besseres Wissen als für den Posten geeignet. Der Bewerber wird – mit aufgrund dieses Gutachtens – eingestellt und unter beträchtlichem Kostenaufwand eingearbeitet. Ergibt sich nun, daß er in Wirklichkeit völlig ungeeignet ist, und kann dem Psychodiagnostiker nachgewiesen werden, daß er diesen Sachverhalt anhand der erhobenen Untersuchungsdaten hätte erkennen müssen, so haftet er unter Umständen gegenüber dem Unternehmen für den entstandenen Schaden.

Kommen wir zum zweiten Punkt, zur Rechtslage über die *berufliche Schweigepflicht* des Psychologen. In den *Berufsethischen Verpflichtungen* wird zwar seine »Verpflichtung zur Verschwiegenheit« betont, tatsächlich unterliegt er aber strafrechtlich weder einer *Schweigepflicht* (§ 300 StGB) noch hat er ein *prozessuales Schweigerecht* (§ 53 StPO). Ausnahmen sind nur möglich, wenn der Psychologe als Gehilfe eines Arztes fungiert (vgl.

Kohlhaas, 1969, S. 1566); für den selbständig tätigen Psychologen ist berufliche Verschwiegenheit lediglich »Ehrensache« (vgl. Schneider, 1963, S. 204). Der Umstand, daß der Psychologe bisher rechtlich nicht zum Kreis der Personen, die eine besondere Vertrauensstellung innehaben, gehört, wird aus verschiedenen Gründen als unbefriedigend betrachtet. Kohlhaas (1969) schreibt:

»Es ist eine unbestreitbare Tatsache, daß die Psychologen sich in den vergangenen Jahrzehnten eine Stellung verschafft haben, die sich nicht nur in dem Aufgesuchtwerden auf freiwilliger Basis, sondern vor allem in der Hinzuziehung als Sachverständige vor Gericht auswirkt. Sie sind auf diese Weise in der Lage, Auskünfte über Beobachtungen im seelischen Bereich zu geben, deren Bekanntwerden für den Betroffenen nicht weniger einschneidend ist, als etwa die ärztlichen Befunde.« (S. 1566)

Der Autor nennt es geradezu ein »Kuriosum«, daß bei dieser Sachlage der Psychologe weder einer Schweigepflicht unterliegt, noch ein Schweigerecht besitzt, und zeigt die rechtliche Problematik dieses »unerfreulichen Zustandes« im einzelnen auf. Nach dem Entwurf eines Strafgesetzbuches von 1962 (E 62, sog. Regierungsentwurf) »soll ... der Täterkreis des noch geltenden § 300 StGB nun ganz allgemein auf den ›Berufspsychologen mit staatlich anerkannter wissenschaftlicher Abschlußprüfung‹ erweitert werden« (Schneider, 1963, S. 204). Schneider wertet diese Bestrebungen nicht nur aus juristischer, sondern auch aus der Sicht des Psychologen *positiv:*

»Die beabsichtigte Neuregelung bringt für den Psychologen weit mehr Vor- als Nachteile mit sich. Denn eine klare strafrechtliche Normierung ist nicht nur im Hinblick auf eine Förderung der standesethischen Bestrebungen im Rahmen der Vorbereitung einer Berufsordnung für Psychologen zu begrüßen. Viel bedeutsamer erscheint indessen der Umstand, daß der Gesetzgeber den Berufspsychologen als selbständigen Inhaber einer Vertrauensstellung betrachtet. Denn in § 185 Abs. 1 StGB (Entwurf 1962) hat er nach der sog. Enumerationsmethode den Täterkreis auf sozial besonders bedeutsame Berufe beschränkt, denen sich der einzelne weitgehend anzuvertrauen pflegt. Der Umstand, daß der akademisch ausgebildete Psychologe vom Gesetzgeber dem Publikum gegenüber mit einem besonderen Vertrauen ausgestattet werden soll, wird sich auch im Bewußtsein der Bevölkerung niederschlagen, die nunmehr ihrerseits dem Berufspsychologen mit besonderem Zutrauen entgegentreten kann.« (S. 204)

Einig sind sich Kohlhaas, Schneider u. a. allerdings darin, daß die strafrechtliche Verpflichtung des Psychologen zur beruflichen Verschwiegenheit mit dem Einräumen eines *prozessualen Schwei-*

gerechts, d. h. dem *Zeugnisverweigerungsrecht vor Gericht*, einhergehen muß, da beide in Wechselwirkung stehen:

»Soll der Berufspsychologe vom Gesetzgeber als Inhaber einer Vertrauensstellung innerhalb der Gesellschaft angesehen werden, die ihn unter Strafandrohung zum Schweigen verpflichtet, so muß er andererseits vor Gericht schweigen dürfen, wenn er als Zeuge zu fremden Geheimnissen vernommen werden soll, die ihm in seiner Eigenschaft als Berufspsychologe anvertraut oder bekanntgeworden sind.« (Schneider, 1963, S. 210)

Inzwischen sind die durch das erste Strafrechtsreformgesetz bewirkten Änderungen des StGB am 1. April 1970 in Kraft getreten: der Paragraph 300 blieb unverändert. Psychologen werden also vom Gesetzgeber noch immer nicht als Inhaber einer besonderen Vertrauensstellung betrachtet! Fürwahr ein Kuriosum.

Eine ausführlichere Darstellung der rechtlichen Probleme psychologischer Gutachtertätigkeit kann hier nicht gegeben werden. Der Interessierte sei auf die genannten Aufsätze und die dort zitierte Literatur verwiesen. Zum Spezialproblem der prozeßrechtlichen Stellung des psychologischen Sachverständigen informiert PETERS (1967).

Die Testsituation

Kondition des Probanden – Stressbedingungen – Einstellungen und Erwartungshaltungen

Der Proband erscheint – der Psychodiagnostiker, der nun Rolle und Funktion des Testleiters übernimmt, setzt ein freundlich-undurchdringliches Gesicht auf und wappnet sich für die Begegnung mit der ›Persönlichkeit‹ des Probanden.

Die bekommt er so ohne weiteres nicht zu sehen: »Man kann, etwa bei der Verwendung des gleichen Tests, unterschiedliche Ergebnisse von verschiedenen Vpn [Versuchspersonen = Probanden, d. Verf.] nur dann diesen Vpn (ihren Eigenschaften, Fähigkeiten, Leistungsbereitschaften usw.) zuschreiben, wenn im übrigen hinreichende *Bedingungskonstanz* herrscht.« (SADER und KEIL, 1966, S. 279) Das heißt: Jeder Proband müßte unter den *gleichen* äußeren und inneren Bedingungen untersucht werden.

Daß das unmöglich ist, dürfte auch dem Nichtfachmann klar sein. Schon bei seinem Erscheinen steht der Proband unter dem Einfluß situativer Bedingungen äußerer und innerseelischer Art, die im besonderen Fall den Charakter ausgesprochener Störbedingungen annehmen. Beginnen wir mit dem Banalsten. Ein wetterfühliger Proband wird bei Föhn seine Persönlichkeit kaum angemessen ›entfalten‹ können, wie es bei projektiven Tests von ihm erwartet wird. Vielleicht hat er aus Lampenfieber wegen der bevorstehenden Testuntersuchung schlecht geschlafen, oder der Untersuchungsbeginn ist für ihn viel zu früh angesetzt worden. PLEIMES (1968) hat unlängst wieder einmal nachgewiesen, wie unterschiedlich Aktivitätsschwerpunkte und – zumindest die subjektiv empfundene – Leistungsfähigkeit bei verschiedenen Menschen über den Tageslauf hinweg verteilt sind. Zu solchen physiologischen Störfaktoren treten möglicherweise akute emotionale Spannungen, Stimmungen und Sorgen ganz allgemeiner Art, die gleichfalls als Störbedingungen wirken können, falls sie nicht etwa selbst Gegenstand des diagnostischen Interesses sind.

Über den Einfluß von psychischem Streß auf Testergebnisse gibt es zahlreiche empirische Befunde. KLATSKIN (1952) untersuchte drei nach Alter und Intelligenzgrad parallelisierte Gruppen weiblicher Probanden mit dem Rorschach-Test:

Gruppe 1: einen Tag vor einer gynäkologischen Operation;
Gruppe 2: einen Tag vor der Entlassung aus der Entbindungsstation;
Gruppe 3: Kontrollgruppe aus Sekretärinnen und Angestellten.

Bei 65 Merkmalsvergleichen zeigten sich 21 signifikante Differenzen, im allgemeinen in Richtung größerer Einengung und Beschäftigung mit der eigenen Person bei den hospitalisierten Probandinnen. MEYER und Mitarbeiter (1955) fanden bei Haus-Baum-Mensch-Zeichnungen (Persönlichkeitstest von BUCK), die von Patienten vor einer Operation angefertigt worden waren, sehr viel häufiger Zeichen von Regression als in den postoperativen Zeichnungen derselben Patienten. Die Unterschiede sollen z. T. so groß gewesen sein, daß man hätte Zweifel haben können, ob die Zeichnungen wirklich von demselben Probanden stammten.

Wie so häufig in der Forschung, gibt es freilich auch zu diesem Thema Arbeiten, die weniger eindeutige Ergebnisse lieferten. So fand ABEL (1943) Konfliktmerkmale bei Menschzeichnungen von Patienten vor einer Gesichtsoperation. Nach der Operation änderten sich die Zeichnungen mancher Patienten ganz beträchtlich, anderer nur unbedeutend, während eine Kontrollgruppe *ohne* operativen Eingriff gleichfalls entscheidende Veränderungen in den Zeichnungen aufwies. Leider haben solche Untersuchungen des situativen Einflusses auf Testergebnisse gewöhnlich etwas spektakuläre Ausnahmesituationen zum Anlaß; alltägliche Störeinflüsse, mit denen der Diagnostiker häufiger rechnen muß, entziehen sich freilich zumeist dem experimentellen Zugriff.

Wesentlich spezifischere Faktoren als der situative ›Hintergrund‹ sind *Einstellungen* und *Erwartungshaltungen*, mit denen der Proband zur Untersuchung kommt. Auch er hat – genauso wie der Auftraggeber – bestimmte Einstellungen zur Psychologie, zum Psychologen und vor allem: zum Anlaß seines Kommens. Es ist ein Unterschied, ob ein Proband gleichzeitig der Auftraggeber ist oder ob er von einer dritten Person geschickt wird und – falls das Zweite zutrifft – ob er freiwillig oder gezwungenermaßen erscheint. Um gleich das extremste Beispiel zu nennen: Bei der forensisch-psychologischen Untersuchung von Inhaftierten erhält der Psychodiagnostiker statt verwertbarer Befunde oft nur das Bild einer Haftdepression.

Mit dem Anlaß der Untersuchung eng verknüpft sind deren *Konsequenzen* für den Probanden: Was darf er sich vom Ergebnis erhoffen oder was muß er befürchten? Wieder ist es ein

Unterschied, ob vom günstigen Verlauf der Untersuchung die gewünschte berufliche Position (Auslese von Bewerbern) oder die Rückgabe des Führerscheins abhängt, oder ob man sich nur einen – letztlich unverbindlichen – Rat holen wollte (z. B. Berufsberatung). Und selbst wenn das Testergebnis keine äußeren Konsequenzen für den Probanden hat, kann es aus interner Sicht ein besonderes Gewicht für ihn »ganz persönlich« erhalten.
Eine Vielzahl von *Institutionen* fordert oder empfiehlt aus unterschiedlichen *Anlässen* und zu unterschiedlichen *Zwecken* psychodiagnostische Untersuchungen, die für den Probanden eine unterschiedliche *Bedeutung* besitzen. Diese Bedeutung beeinflußt entscheidend seine Testmotivation, seine Leistungsbereitschaft und seine Bereitwilligkeit, über sich selbst Auskunft zu geben. Mit der Testmotivation steht und fällt zu einem guten Teil der instrumentelle Wert der ganzen Untersuchung. So gehört also die Kenntnis von Einstellungen, Erwartungshaltungen und Motiven des Probanden unabdingbar zu den ›Daten‹, die der Diagnostiker für eine angemessene Interpretation der Untersuchungsbefunde braucht. Aber wie soll er diese Informationen erhalten? SADER und KEIL (1966), die dem Praktiker »ausdrücklich konkrete Ratschläge anbieten« wollen, können hier nicht viel mehr empfehlen, als die genannten Variablen »in Rechnung zu stellen« (S. 296). Offenbar muß sich der Psychodiagnostiker einstweilen auf seine Intuition und Beobachtungsgabe verlassen. Einen ersten Ansatz zur Objektivierung stellt die Entwicklung von *Motivationsindizes* dar (z. B. FLANAGAN, 1955). Aber selbst wenn man den Motivationsgrad abschätzen oder sogar messen könnte, wüßte man noch immer nicht, wie die gewonnene Korrekturgröße bei der Bewertung von Testergebnissen zu handhaben sei, solange sie bei Standardisierungs- und Validierungsuntersuchungen nicht berücksichtigt wird.

Kontakt zwischen Proband und Testleiter

Nehmen wir an, unser Proband betritt unser Institut oder unsere Praxis bereits in einem situativ akzentuierten Zustand. Nun sitzt er im Warteraum, und möglicherweise bleibt auch dessen Atmosphäre – wie später die des Testraums –, sei sie nun kühl oder anheimelnd, nicht ohne Wirkungen auf die anschließende Untersuchung. Der Proband tritt nun in die Testsituation im engeren Sinne ein. An diesem Punkt der Analyse könnte man auf einige typische, unter gruppendynamischen Aspekten voneinander unterschiedene Testsituationen eingehen, wie sie SPITZNAGEL (1964 b) skizziert hat. Stichwortartig seien einige der wichtigsten genannt:

1. Es sitzen sich *ein* Proband und *ein* Diagnostiker gegenüber, wie es für die meisten Einzeluntersuchungen typisch ist.
2. Der Diagnostiker verläßt den Raum, der Proband bleibt aber (durch Testaufgabe, Instruktion, Einstellungen usw.) weiterhin auf ihn bezogen.
3. *Ein* Proband sitzt *mehreren* Diagnostikern gegenüber. Dies ist eine Situation, wie sie etwa für die klinische Chefvisite typisch ist, die aber auch in der Heerespsychologie sehr beliebt ist und bei Stress-Interviews benutzt wird.
4. *Mehrere* Probanden sitzen *einem* Diagnostiker gegenüber (Gruppenuntersuchung).

Diese vier Grundsituationen lassen sich durch Hinzunahme von Hilfspersonen oder durch die Variation der Aktivität bzw. Distanz des Diagnostikers modifizieren. In diesem Zusammenhang soll auf die einzelnen Situationen nicht näher eingegangen werden, weil sich die meisten Forschungsarbeiten zur Psychodynamik der Testsituation ohnehin auf die Einzeluntersuchung beziehen.

Der erste Eindruck, den der Proband vom Diagnostiker gewinnt, wird durch *äußere* Merkmale wie Geschlecht, Körperbau, Rasse, Hautfarbe, möglicherweise auch durch Statussymbole bestimmt. Es gibt eine ganze Reihe von Untersuchungen über den Einfluß solcher äußeren Charakteristika des Testleiters auf die Testergebnisse. So gilt es als alte Erfahrung, daß männliche Probanden weiblichen Testleitern weniger Sexualdeutungen im Rorschach-Test geben als männlichen Testleitern. Experimentell wurde diese Erfahrung z. B. von RABIN und Mitarbeitern bestätigt (1954). HYMAN (1955) beobachtete ›Angleichungseffekte‹ bei Interviews, dergestalt, daß männliche Befragte weiblichen Interviewern mehr ›typisch weibliche‹ und umgekehrt weibliche Befragte männlichen Interviewern mehr ›typisch männliche‹ Antworten gaben. Im übrigen kommt MASLING (1960) in seinem Sammelreferat aufgrund seiner gründlichen Literaturdurchsicht zu dem Schluß, daß die Untersuchungsergebnisse über den Einfluß des Geschlechts des Testleiters sehr uneinheitlich und widersprüchlich ausfallen. Hier sei allerdings gleich auf ein Problem hingewiesen, das für alle Untersuchungen über die Auswirkungen bestimmter Störvariablen auf die Testbefunde gilt. Der

Einfluß dieser Störvariablen ist sehr komplex und geht möglicherweise in entgegengesetzte Richtungen, so daß sich die Auswirkungen bei der statistischen Durchschnittsberechnung gegenseitig aufheben.
Von amerikanischen Autoren werden nachweisbare Effekte *rassischer* Merkmale auf Befragungsergebnisse berichtet. Nach ROBINSON und ROHDE (1946) evozierten Interviewer mit jüdischem Namen und/oder Aussehen weniger antisemitische Vorurteile als ›unverdächtige‹ Interviewer. Ähnliche Ergebnisse berichtet auch HYMAN (1955). CANTRIL und Mitarbeiter (1944) beobachteten bei der Befragung von Negern z. T. erhebliche Unterschiede der Befragungsergebnisse in Abhängigkeit von der Hautfarbe des Interviewers. So bedienten Neger bei Fragen zum Rassenproblem weiße Interviewer häufiger mit euphemistischen Antworten als farbige Interviewer. Auch in diesen Untersuchungen zeigt sich wieder eine Art von Angleichungs- oder sponsorship-effect.[18]
Eine Untersuchung zum Einfluß von *Statusmerkmalen* auf (Rorschach-) Testergebnisse stammt von CAMPBELL und FIDDLEMAN (1959). Ihre Testleiter traten einmal im weißen Mantel auf, wurden als Wissenschaftler vorgestellt und mit ›Doctor‹ angeredet und fungierten ein anderes Mal in gewöhnlicher Kleidung als Studenten, die mit einer kleineren Untersuchung beschäftigt waren. Die ›Doktoren‹ erhielten mehr Antworten als die ›Studenten‹.

Inzwischen sitzen sich Proband und Testleiter beim ›Eisbrecher‹-Gespräch gegenüber. Ich sprach oben vom ›freundlich-undurchdringlichen Gesicht‹ des Psychologen: In ihm spiegelt sich der Verhaltenskonflikt des Testleiters. Einerseits muß er freundlich sein, muß den Probanden zur Mitarbeit motivieren, seine Äußerungswilligkeit fördern und verschüchterte, verängstigte oder verschlossene Probanden überhaupt erst kommunikabel machen; andererseits fühlt sich der Psychologe seiner Rolle verpflichtet und bemüht sich um Distanz und Neutralität. Gleich wird er dem Probanden Anweisungen erteilen, er wird seine Reaktionen mit der Stoppuhr messen und alles, was er sagt, aufschreiben. Er wird ihn vielleicht über den Zweck der Untersuchung, in jedem Fall über die Funktionsweise der Tests, im unklaren lassen und auf jede seiner Fragen eine vertröstende, ausweichende Antwort geben. Während der ganzen psychodiagnostischen Untersuchung steht der Testleiter vor der schwierigen Aufgabe, den Probanden bei Laune zu halten und ihm dabei so wenig wie möglich Informationen zu geben. Er muß den Probanden für sich einnehmen und ihn gleichzeitig wie einen Gegenstand beobachten. Dieser Rollenkonflikt im Umgang mit Probanden führt leicht zu einer (scheinbar) unechten und fassadären Haltung. Sicher bieten wir unseren Probanden manchmal ein recht zwiespältiges Bild: freundlich, undurchschaubar und dahinter vielleicht ein bißchen nervös, von unserer persönlichen Ausstrahlung einmal abgesehen.

Allgemeiner Charakter der Testsituation

In der ›warming-up‹-Phase, im einleitenden Gespräch, vielleicht sogar noch während der Exploration ist die Situation noch relativ unproblematisch. Noch ist ein zwangloses Gespräch möglich, der Proband kann über seine Schwierigkeiten sprechen, der Zwangsproband wird nach Möglichkeit geschont und in eine belanglose Konversation verwickelt. Aber mit der Anwendung des ersten Tests ändert sich die Situation entscheidend. Im Unterschied zur Gesprächssituation wird die *Testsituation* durch strenge Regelhaftigkeit bestimmt. SPITZNAGEL spricht sogar vom ›Zwangscharakter‹ und vom ›Freiheitsentzug‹, dem beide Partner, Proband wie Testleiter, unterworfen sind:

»Das Verhalten des Diagnostikers wird dergestalt geregelt, daß mit Hilfe des Inventars von Vorschriften geklärt ist, wann und wie interveniert werden darf. Umgekehrt erfährt der Proband, welches Verhalten von ihm als gemäß erwartet wird. Wenn im Verfahrensvollzug überhaupt Kommunikationen vorgesehen sind, dann sind nur solche Informationen gestattet, die dem Verfahren dienlich sind. Im Verfahren werden zwar Personen verbunden, aber am sozialen Verhalten gehindert. Im strengen Verfahren dominiert die Beziehungslosigkeit; es ist seinem Wesen nach begegnungsfeindlich und definiert seinen idealen Partner als autistisch.« (1964 b, S. 7)

Die Testsituation ist in ihrer Grundkonzeption nach Spitznagels Auffassung eine *pseudo-soziale* Situation, obwohl angeblich Partner in ihr agieren. Die Interaktionen sind nicht sozialer, persönlicher, sondern im Grunde rein verfahrenstechnischer Natun. Man überlege sich, wie eine derartig unpersönliche Situation auf einen Probanden wirken muß, der ohnehin nur gezwungenermaßen da ist oder dessen Problematik gerade in Kontaktschwierigkeiten besteht.
Der Leser wird dem vielleicht entgegenhalten, diese Charakterisierung der Testsituation gelte doch wohl nur hinsichtlich der

Leistungstests, mit denen notwendigerweise eine ›Mußfunktion‹ (Heiss) der Persönlichkeit gemessen werde. Schließlich gebe es auch noch Entfaltungstests (projektive Verfahren), bei denen der Proband volle Bewegungsfreiheit habe. Ganz so groß, wie man glauben möchte, ist der Spielraum, den die projektiven Verfahren bieten, allerdings nun auch wieder nicht. Man denke nur daran, wie reserviert sich ein Testleiter bei einer Rorschach-Testaufnahme zu verhalten hat und wie abkühlend das auf manchen Probanden wirken mag. Aber selbst wenn wir die größeren Freiheitsgrade des Entfaltungstests günstig bewerten wollen, so erweist sich vielleicht gerade diese Freizügigkeit als Bumerang. Cohen (1962) schreibt:

»Während bei strukturierten Tests das Testmaterial und die Anweisungen dem Probanden nur wenig Verhaltensspielraum lassen – und somit dem autoritären Aspekt der Testsituation entsprechen – wird bei den projektiven Verfahren vom Probanden gefordert, er solle sich frei und ganz nach seinem Belieben verhalten. Diese plötzliche Pflicht zur freien Entfaltung verunsichert die meisten Personen: sie merken, daß der Testleiter etwas von ihnen will, erfahren aber nicht, was er wünscht. Zudem laufen sie durch die geringe Kontrollierbarkeit der Situation Gefahr, von sich etwas preiszugeben, das sie weder vor dem anderen noch vor sich selbst wahrhaben möchten, was u. a. zu einer Forcierung der Abwehrmechanismen führt. Diese Verunsicherung mag auch dafür maßgebend sein, daß offenbar (...) die schlecht angepaßten Seiten des Probanden bei projektiven Verfahren in stärkerem Maße zum Ausdruck gelangen als bei strukturierten Tests. Es ist zu erwarten, daß die Probanden den Mangel an Verhaltens-Anweisungen bei projektiven Tests dadurch auszugleichen versuchen, daß sie mit besonderer Achtsamkeit auf Nuancen im Verhalten des Testleiters reagieren.« (S. 6 f.)

Den gleichen Sachverhalt meint Spitznagel, wenn er schreibt:

Die projektiven Verfahren »konfrontieren den Probanden mit einer unstrukturierten Situation in zweifacher Hinsicht: (1) der Proband ist auf sich selbst gestellt durch das Fehlen spezifischer Verhaltensregeln (›offene‹ Anweisung und mehrdeutiges Material) und (2) der Proband ist unvollkommen informiert über die Kette der Maßnahmen, angefangen mit der Vorgabe bestimmter Verfahren bis hin zur Auswertung und Bewertung der Befunde. Der Proband hat bloß Kenntnis, daß und warum er getestet und beobachtet wird; er weiß auch, daß seine Aussagen von Bedeutung sind. Es liegt also nahe zu vermuten, er werde sich in einer solch unvollkommen einsichtigen Situation nach Anhaltspunkten im ›Feld‹ umsehen, die seine Informationslage verbessern können«. (1964 a, S. 576 f.)

Hier befinden wir uns nun hart an der Einbruchstelle situativer Einflüsse auf Testergebnisse. Der in der Testsituation kognitiv vernachlässigte Proband begehrt Umweltsaufschluß und öffnet sich allen direkten und indirekten Informationsquellen.

Testanweisung – Einstellung zum Test – Ichbeteiligung

Doch wir sind bereits wieder etwas vorangeeilt. Jeder Test beginnt mit einer *Testanweisung*, einer Instruktion. SPITZNAGEL spricht es ganz offen aus, daß der Proband durch die Instruktion *manipuliert* wird:

»Das Ziel ist es, ihn in eine subjektiv optimale Kondition zu bringen und zu einer optimalen Mitarbeit anzuhalten. Durch schriftliche und mündliche Anweisungen, die vielfach den Charakter von Suggestionen haben, soll diese optimale Verfassung erreicht werden.« (1964 b, 18 f.)

Durch genaue Einhaltung der vom Testautor vorgesehenen Instruktion glaubt man, die Auffassung des Tests durch verschiedene Probanden standardisiert und vergleichbar gemacht zu haben, glaubt man, jeder Proband wende sich dem Test unter den gleichen Ausgangsbedingungen zu. Gewiß, die Testanweisung muß standardisiert sein. Aber selbst die sorgfältigste Standardisierung garantiert keine identischen Anwendungsbedingungen. SADER hat diesem Problem ausführliche Untersuchungen gewidmet (1957). Bei einem eingehenden qualitativen und quantitativen Vergleich von Instruktionsphase und Testphase anhand eines Figurenlegetests kam er unter anderem zu folgenden Ergebnissen (s. S. 106 f.).

1. Im Grundversuch benutzten die Probanden im Durchschnitt nur etwa die Hälfte der in *mündlicher* Instruktion als Lösungshilfen gegebenen Regeln. Sader führte das unter anderem auf Besonderheiten des Testmaterials, auf den Zeitdruck und auf falsche Einschätzung des Schwierigkeitsgrades der Aufgabe zurück.
2. Überraschenderweise änderten sich Art und Ausmaß der Regelbeachtung kaum, wenn die Probanden für die gleiche Aufgabe eine *schriftliche* Instruktion erhielten, auf die sie während der Testuntersuchung zurückgreifen konnten.
3. Bei der qualitativen Analyse des Versuchs zeigte sich, daß die objektiv durch die Instruktion gegebenen und die von den Probanden subjektiv erlebten Versuchsbedingungen häufig differierten. Deshalb bot auch die Frage, ob der Proband die Instruktion verstanden habe, keine Gewähr für ein umfassendes und objektives Instruktionsverständnis.

Sader kommt so zu dem Schluß, daß die Interpretierbarkeit unterschiedlicher Testleistungen aufgrund der mangelnden Vergleichbarkeit der Versuchsbedingungen fraglich sei.

Wenn schon bei *Leistungstests* Instruktionsverständnis und subjektives Erlebnis der Versuchsbedingungen bei verschiedenen Probanden beträchtlich differieren können, so erst recht bei *projektiven Verfahren*, bei denen der Proband ein Minimum an Anhaltspunkten hat. In den folgenden Experimenten induzierte man Probanden unterschiedliche Testauffassungen, um deren Auswirkung auf die Testergebnisse zu prüfen. CALDEN und COHEN (1953) untersuchten ältere Oberschüler mit dem Rorschach-Test nach einem varianzanalytischen Versuchsplan.[19] Die Hälfte der Probanden erhielt eine sogenannte ›ego-involvement-instruction‹, d. h. eine Instruktion, die die Ich-Beteiligung und damit die Motivation erhöhen sollte (»Die Testergebnisse werden in Ihre Personalakte eingetragen.«). Die andere Hälfte der Probanden erhielt eine neutrale Instruktion (»Die Testuntersuchung dient nur wissenschaftlichen Zwecken.«). Ferner wurde der Rorschach-Test je einem Drittel der Probanden als Intelligenztest, als Phantasietest und als Test zur Erfassung von ›Nervosität‹ präsentiert. Die ›ego-involvement-instruction‹ führte im Durchschnitt zu signifikant mehr Antworten, einer größeren Formschärfe und einer reichhaltigeren Determinantenreihe als die neutrale Instruktion. Hinsichtlich der *Auffassung* des Tests ergaben sich bei 27 ausgewählten Merkmalen 19 auf dem 5 %-Niveau signifikante Differenzen. Wurde der Rorschach-Test als Intelligenztest aufgefaßt, so zeigte sich allgemein ein stärker eingeengtes aber besser kontrolliertes Bild, mehr F- und weniger B-Antworten, ein höheres Formniveau und ein erhöhtes T %. Wurde der Rorschach-Test dagegen als Phantasietest angekündigt, so ergab sich insgesamt ein vielgestaltigeres, dynamischeres, weniger kontrolliertes und originelleres Bild.[20] Calden und Cohen leiten aus ihren Ergebnissen die lapidare Schlußfolgerung ab:

»Überflüssig zu betonen, daß Vorhersagen auf der Grundlage von Blindauswertungen eines Rorschach-Protokolls ohne Kenntnis der Testsituation oder der Reaktion eines Probanden auf das Getestetwerden um vieles fehlerhafter erscheinen, wenn man sie im Lichte der Ergebnisse dieser Studie betrachtet.« (308 f.)

In einem ähnlichen Versuch erhielten HENRY und ROTTER (1956) von Probanden, denen gesagt wurde, der Rorschach-Test enthülle ernsthafte emotionale Störungen, hochsignifikant weniger

Antworten, signifikant mehr V- und T-Deutungen, eine verarmte Determinantenreihe, ein besseres Formniveau und weniger aggressive Deutungen als von Probanden einer Kontrollgruppe mit gewöhnlicher Instruktion. SUMMERWELL und Mitarbeiter (1958) fanden bei einer Versuchsserie mit vier unterschiedlichen TAT-Anweisungen signifikante Differenzen in der emotionalen Tönung und im Ausgang der Geschichten.[21]

Man könnte nun vielleicht einwenden, daß diese Experimente reichlich unrealistisch seien, da ja in Wirklichkeit kein vernünftiger Testleiter seinen Probanden derartige Aufschlüsse über einen Test gebe. Dieser Einwand würde indes übersehen, daß die genannten experimentellen Instruktionen lediglich eine Situation *explizit* definierten, die sich der Proband *inplizit* ohnehin schafft. Man darf wohl davon ausgehen, daß sich jeder Proband seine Gedanken macht, was ein Test zu bedeuten habe, und daß er sich mehr oder weniger bewußt an bestimmten Zielvorstellungen orientiert.

Etwas beunruhigend ist auch *jenes* Ergebnis von Calden und Cohen (1953), daß die Rorschach-Protokolle verarmten, wenn man den Probanden erklärte, es handle sich um eine wissenschaftliche Untersuchung. Entsprechende Resultate erhielt FLANAGAN (1955) mit einem Gedächtnistest, den er an zwei Gruppen höherer Schüler durchführte. Die erste Gruppe, der gesagt worden war, das Material werde für wissenschaftliche Zwecke benötigt, zeigte deutlich schlechtere Leistungen als die andere Gruppe, der man versprochen hatte, die Ergebnisse würden jedem einzelnen mitgeteilt und zur Grundlage einer ausführlichen psychologischen Beratung benutzt. Beunruhigend sind solche Ergebnisse deshalb, weil ja Tests fast ausschließlich in relativ unverbindlichen Situationen standardisiert, aber in Ernstsituationen angewendet werden. Offenbar sind die Eichsituationen für die Ernstsituationen nicht unbedingt repräsentativ, von den eigentlichen Bewährungssituationen ganz zu schweigen.

Wie wesentlich die Motivation des Probanden sein Testverhalten bestimmen kann, zeigen auch jene Untersuchungen, in denen eine bestimmte *Grundeinstellung* zum Test und zur Situation des Getestetwerdens experimentell induziert wurde. FOSBERG (1941) führte wiederholt Rorschach-Testaufnahmen bei denselben Probanden durch, die einmal einen *schlechten* und ein anderes Mal einen *guten Eindruck* machen sollten. Bei der quantitativen Analyse fand der Autor zwar wenig konsistente Unterschiede zwischen den Protokollen, die unter verschiedenen Bedingungen entstanden waren. Doch die qualitative Analyse bewies, daß solche Unterschiede sehr wohl vorhanden waren. Nur hatte jeder Proband für sich selbst – und dabei oft ganz anders als seine Mitprobanden – bestimmt, mit welcher Taktik er das geforderte Täuschungsmanöver durchführte. So erhöhten z. B. manche Probanden die Antwortenzahl um einen guten, andere um einen schlechten Eindruck zu machen. Auf diese Weise zeigte sich dann beim Mittelwertsvergleich keine Differenz, obwohl Einflüsse durchaus wirksam waren.

Zu entsprechenden Resultaten kamen CARP und SHAVZIN (1950), die ihren (Rorschach-)Probanden einmal die Instruktion gaben: »Sie sind in einem State-Hospital, und die Ergebnisse dieses Tests sollen Ihnen helfen, entlassen zu werden« (guter Eindruck, Situation bei Dissimulation[22]), und bei einem zweiten Durchgang: »Sie sollen zur Armee einberufen werden, und die Ergebnisse dieses Tests sollen Ihnen helfen, ausgemustert zu werden« (schlechter Eindruck, Situation bei Simulation[23]). Auch Carp und Shavzin fanden, mit Ausnahme des Beck'schen Z-Scores[24], keine signifikanten quantitativen Merkmalsdifferenzen beim Vergleich beider Situationen, aber auch hier enthüllte die qualitative Analyse, daß die Veränderungsrichtung bei einzelnen Probanden so unterschiedlich, zum Teil geradezu entgegengesetzt war, daß die Differenzen im Gruppenmittel verschwanden. Zu ähnlichen Ergebnissen wie Fosberg, Carp und Shavzin mit dem Rorschach-Test kamen WEISSKOPF und DIEPPA (1951) mit dem TAT.[25]

Kommen wir abschließend noch einmal zurück auf die *Ichbeteiligung (ego-involvement)* des Probanden; im Forschungsbereich ›Bedingungskonstanz in der Testsituation‹ ist sie eine der am häufigsten untersuchten Variablen (IVERSON und REUDER, 1956; COSTELLO, 1964). Auch hier sind viele Ergebnisse keinesfalls zu verallgemeinern und die psychologischen Zusammenhänge sehr kompliziert. Der Grad der Ichbeteiligung hängt von einer Vielzahl von Faktoren ab: von der Art der Instruktion, vom Aufforderungscharakter des Tests, von der Bewertung des Tests durch den Probanden, von der Bedeutung, die das Testergebnis und die psychodiagnostische Situation allgemein für ihn hat, von der Atmosphäre der Testsituation, von der Person und dem (Rollen-) Verhalten des Testleiters usw.

Fragt man nach dem *Verhältnis von Ichbeteiligung und Leistungsgüte,* so wird man mit SADER und KEIL »damit rechnen müssen, daß unter den meisten Bedingungen eine mittlere Ichbeteiligung zu den besten Ergebnissen führt, während das erreichbare Maximum an Ichbeteiligung schon eher in das Kapitel

Testangst gehört.« (1966, S. 283) Eine zu hohe Ichbeteiligung, eine Art ›persönlicher Verstrickung‹, führt ebensowenig zu guten Leistungen wie Gleichgültigkeit und mangelnde Anstrengungsbereitschaft aufgrund einer zu geringen Ichbeteiligung.
Im übrigen kommen Sader und Keil nach einer kritischen Literaturdurchsicht zu der Annahme, »daß die Relevanz der Ego-Involvement-Variable für die diagnostische Praxis zumeist nicht sehr groß ist« (S. 285), wobei man sich fragen muß, ob es angemessen ist, in diesem Zusammenhang von *der* diagnostischen Praxis zu sprechen. Immerhin empfehlen die Autoren den *Diagnostikern,* das Ausmaß der Ichbeteiligung im speziellen Fall gesprächsweise zu klären und gegebenenfalls aktiv zu modifizieren, und den *Testkonstrukteuren,* Informationen über den Aufforderungscharakter ihrer Tests und »experimentelle Belege für die zu erwartenden numerischen Auswirkungen unterschiedlicher Ichbeteiligung zu ermitteln und den Handanweisungen beizufügen« (S. 285).

Stresscharakter der Testdurchführung

Wer sich aus purem Interesse für die Psychologie oder weil er »etwas über sich selbst erfahren möchte« von einem befreundeten Psychologen testen läßt, für den mag dieses Erlebnis amüsant oder auch langweilig sein. Trotzdem erklären selbst diese Probanden häufig, »so anstrengend« hätten sie sich eine psychologische Untersuchung nicht vorgestellt. Wieviel größer muß die Belastung für solche Probanden sein, für die vom Testergebnis eine wichtige Entscheidung abhängt. Man braucht allerdings noch nicht einmal die Anlaßsituation ins Feld zu führen: Allein der Umstand, daß der Proband während einer psychodiagnostischen Untersuchung *mehrere Stunden lang sein Bestes* geben soll und sich dazu auch noch häufig auf neue Aufgaben umstellen muß, ist belastend.
Die Auswirkungen von (psychischem) Stress auf Testergebnisse ist ein beliebtes Forschungsthema. In der Literatur werden zum Teil geradezu abenteuerlich anmutende experimentelle Versuchsanordnungen geschildert: Versuchspersonen – freiwillige allerdings – wurden mit Strafandrohungen konfrontiert, unter Drogen und Hypnose gesetzt, mit Elektroschocks behandelt und anschließend getestet (s. Masling, 1960). Auf solche Experimente soll hier nicht eingegangen werden, weil sie mit der gewöhnlichen Testsituation wenig oder gar nichts zu tun haben.

Zunächst hat die Testsituation Examenscharakter und schafft *Prüfungsdruck*, dessen Ausmaß allerdings beträchtlich variiert – man denke nur an so verschiedene Situationen wie die der Gruppenuntersuchung zur Konkurrenzauslese (z. B. HILTMANN, 1953) und die der Einzeluntersuchung mit dem Ziel einer individuellen Beratung. Die Stärke des empfundenen Prüfungsdrucks dürfte auch vom subjektiven Erleben und nicht zuletzt von der Erfahrung mit Prüfungssituationen abhängen.

Als ein weiteres belastendes Moment ist der – objektive oder subjektiv erlebte – *Zeitdruck* zu nennen, der gewöhnlich in Prüfungen und auch teilweise während der psychodiagnostischen Untersuchung herrscht. Bei ›Speed-Tests‹, bei denen die Geschwindigkeit eine wesentliche Komponente der Leistung ist, wird Zeitdruck durch Instruktion und Beschränkung der Durchführungszeit ausdrücklich geschaffen. Wenn der Proband nach einem solchen Test einen anderen – etwa ein projektives Verfahren – vorgelegt bekommt, bei dem er sich instruktionsgemäß beliebig viel Zeit nehmen kann und soll, wird möglicherweise der zuvor erlebte Zeitdruck auf die neue Situation übertragen. Im übrigen werden auch beim (projektiven) Rorschach-Test Reaktions- und Deutezeiten festgehalten, was dem Probanden selten verborgen bleibt. Schließlich kann die Nervosität des Versuchsleiters oder sein häufiger Blick auf die Uhr den Probanden zusätzlich verunsichern.

Tatsächlicher oder subjektiv empfundener Zeitdruck muß freilich keineswegs zu Minderleistungen führen. Manche Probanden, die über Zeitdruck klagen, bringen trotzdem oder gerade deshalb gute Leistungen zustande, während andere, die behaupten, mit der Lösung der Aufgaben ›ganz bequem‹ fertiggeworden zu sein, oft sehr schlecht abschneiden. Einige generelle Tendenzen werden immerhin durch empirische Befunde nahegelegt. So dürfte Zeitdruck – zumindest bei Jugendlichen – antizipatorisches Denken und planvolles Vorgehen beeinträchtigen und Probierverhalten fördern (BARTMANN, 1963). SADER und KEIL (1966, S. 295) zitieren eine Arbeit von BOCHEN (1964), nach deren Ergebnissen unter verschiedenen Instruktionsbedingungen »ein mittelmäßiger Betrag von phänomenalem Zeitdruck für Leistungsgüte und Tempo optimal« war.

Bei alledem darf man das Problem des Zeitdrucks nicht allein unter dem Aspekt der Leistungsgüte in der Testsituation sehen. Wenn später in der *Bewährungssituation* Zeitdruck herrscht, ist es unsinnig, den Probanden in der Vorhersagesituation zu ›schonen‹. Ebenso unsinnig ist es natürlich, einen Probanden zu ›strapazieren‹, wenn es in der Ernstsituation auf Geschwindigkeit gar nicht ankommt. Sader und Keil – auch hier wieder optimistisch – halten den Einfluß von Prüfungsatmosphäre und Zeitdruck auf die Leistungen des Probanden in einer sachgerecht angelegten Untersuchung für unerheblich:

»Ein gewisser (optimaler) Situationsdruck gehört vielmehr zur diagnostischen Prüfsituation, wird auch vom Probanden als zu dieser gehörig erlebt und im allgemeinen akzeptiert. Die Wirkungen dieser Variablen gehen zudem nicht ausschließlich in Richtung Leistungsminderung.« (1966, S. 295)

Erfolg und Mißerfolg – Ermunterung und Entmutigung

In einer mehrphasigen Prüfung, wie es eine psychodiagnostische Untersuchung ist, hängen die Leistungen und Produktionen des Probanden zum Teil davon ab, wie er sein Abschneiden bei vorausgegangenen Aufgaben beurteilt. Das Erfolgs- oder Mißerfolgserlebnis, das sich – berechtigter- oder unberechtigterweise – spontan beim Probanden einstellt, kann durch ermunternde oder entmutigende Bemerkungen und Verhaltensweisen des Testleiters zusätzlich beeinflußt oder überhaupt erst provoziert werden.

Eine eindeutige Wirkungsrichtung dieser Variablen gibt es freilich nicht.

»Ganz allgemein läßt sich zunächst sagen, daß sich Erfolge auf nachfolgende Testleistungen eher günstig, Mißerfolge eher ungünstig auswirken. Etwas genauere Aussagen lassen sich machen, wenn man die Motivationsstruktur mit einbezieht: Erfolg und Mißerfolg sind abhängig von der Gesamtmotivation sowie von einzelnen Motivationsvariablen, insbesondere Hoffnung auf Erfolg und Furcht vor Mißerfolg (HECKHAUSEN 1963).« (SADER und KEIL, 1966, S. 286)

Die letzte Bemerkung bezieht sich auf Heckhausen's Unterscheidung von Erfolgsmotivierten, die jedem Ziel mit vollen Segeln zusteuern, und Mißerfolgsmotivierten, die ständig befürchten, Schiffbruch zu erleiden.

Für die leistungssteigernde Wirkung des Erfolgserlebens gibt es eine Reihe experimenteller Belege, von denen zwei zitiert werden sollen. HUTT (1947) berichtet, daß schlecht angepaßte Kinder im Stanford-Binet-Intelligenztest bessere Testleistungen erzielten, wenn man ihnen nach jedem Versagen eine leichtere Aufgabe stellte, als unter den Standardbedingungen des Staffelprinzips mit ansteigendem Schwierigkeitsgrad. Bei wohlange-

paßten Kindern ergab sich dagegen kein Unterschied. In einer Untersuchung von Reichenberg-Hackett (1953) erzielten Probanden bei einer zweiten Durchführung des ›Draw-a-man-tests‹ von Goudenough durchschnittlich einen um 12 Punkte höheren IQ, nachdem sie in der Zwischenpause für die richtige Lösung leichter anderer Aufgaben gelobt und belohnt worden waren. Eine Kontrollgruppe, die ein solches Erfolgserlebnis nicht vermittelt bekam, zeigte keinen Leistungsanstieg beim zweiten Testdurchgang. Diese Befunde werden durch andere Untersuchungen teils bestätigt, teils etwas eingeschränkt. Im allgemeinen scheint die angedeutete Tendenz jedoch zu gelten.
Erfolg und Mißerfolg können sich nicht nur auf die Leistung, sondern auch auf *emotionale Reaktionen* in nachfolgenden Tests auswirken. Rodnick und Klebanoff (1942) induzierten den am besten und am schlechtesten ›angepaßten‹ Teilnehmern eines Jugendlagers Versagenserlebnisse bei einem Anspruchsniveau-Test (Rotter Level of Aspiration Board). Zuvor und danach wurde der ›Thematic Apperception Test‹ (TAT) von Morgan und Murray aufgenommen. Die schlecht angepaßte Gruppe zeigte im zweiten TAT ein Abnehmen von Überlegenheits- und Aggressionsthematik sowie an Themen mit emotionalem Engagement. Die Befunde von Rodnick und Klebanoff und von Hutt weisen übrigens darauf hin, daß die Auswirkungen von Erfolgs- und Mißerfolgserleben auf nachfolgende Testleistungen nicht nur vom gesamten Motivationsgefüge, sondern auch von Persönlichkeitsdimensionen wie emotionaler ›Angepaßtheit‹, ›Stabilität‹ usw. abhängen können.

Betrachtet man die in der Literatur berichteten Auswirkungen von *Ermunterung* und *Entmutigung*, von Lob und Tadel des Testleiters auf Testleistungen und -verhalten des Probanden, so wird die Situation eher noch uneinheitlicher und komplizierter. Seit den frühen Arbeiten von Hurlock (1924, 1925, 1925, 1931) wurde eine Fülle von Untersuchungen publiziert, deren Ergebnisse sich teilweise widersprechen (vgl. Sammelreferat von Costello, 1964). Immerhin führte ›Lob‹ überwiegend zu Leistungsanstieg, ›Tadel‹ zu Leistungsabfall; Verallgemeinerungen sind trotzdem unangebracht.
Sader und Keil (1966, S. 287) weisen nachdrücklich darauf hin, daß der Effekt von Lob und Tadel von zahlreichen anderen Variablen abhängt: vom Aufgabentypus, Alter, Geschlecht, Fähigkeitsniveau, Testangst, Ichbeteiligung, sozialer Angepaßtheit usw. Tadel wirkt offenbar bei jüngeren Kindern eher negativ,

bei älteren positiv; Mädchen werden eher durch Lob, Jungen eher durch Tadel angespornt. Weniger begabte, schlecht angepaßte, gering motivierte Probanden und solche, die unter Testangst und geringem Selbstvertrauen leiden, dürften auf Tadel und Entmutigung besonders empfindlich reagieren und vice versa. Aber auch hier sind die Ergebnisse widersprüchlich und können nicht verallgemeinert werden. Diese Uneinheitlichkeit wird von Sader und Keil vor allem auf die geringe Lebensnähe und die fehlende »motivationale und lebensgeschichtliche Einbettung« der einschlägigen Versuche sowie auf die mangelnde Kontrolle der subjektiven Wirkung von Lob und Tadel auf das Erleben der Versuchspersonen zurückgeführt.
Entsprechend ihrer generellen Einstellung und Überzeugung, die an anderer Stelle (s. S. 64 ff.) noch zur Sprache gebracht wird, halten die beiden Autoren unerwünschte Effekte auf Testergebnisse durch Erfolg-Mißerfolg und Lob-Tadel im Rahmen der normalen Testsituation für Ausnahmeerscheinungen. Sie begründen ihre Auffassung damit, daß der Proband »für die Bewertung seiner Leistungen zumeist auf das Urteil des Vl [Versuchsleiters] angewiesen bleibt, der in dieser Hinsicht Zurückhaltung wahren kann und auch sollte« (S. 286), und daß der Testleiter nicht in Versuchung gerät, lobend oder tadelnd einzugreifen, wenn er sich streng an die Instruktion hält (S. 288). Natürlich wird kein Testleiter während eines Intelligenztests hinhaltende und entmutigende Äußerungen machen, wie es Gordon und Durea (1948) in ihrer Untersuchung taten, oder gar wie Bellak (1944) TAT-Geschichten mit der abfälligen Bemerkung quittieren: »Das sind so ziemlich die schlechtesten Geschichten, die ich jemals gehört habe.« Andererseits legen Befunde über Konditionierungseffekte, die noch zu referieren sind (s. S. 52 ff.) die Vermutung nahe, daß Probanden bereits auf viel unauffälligere verbale und mimische Äußerungen des Testleiters reagieren. Die Auffassung von Sader und Keil scheint mir deshalb doch ein wenig zu optimistisch zu sein, vor allem deshalb, weil diese Autoren immer den ›Normalfall‹ und weniger die zahlreichen Einzelfälle im Auge haben.

Testangst – Enthüllungsbereitschaft – Atmosphäre der Testsituation

Bisher wurden vorwiegend situativ bedingte Stör- und Verfälschungseinflüsse auf Testmotivation und Leistungsverhalten des

Probanden geschildert. Daneben gibt es Störfaktoren, die bis zu einem gewissen Grad *persönlichkeitsspezifisch* zu sein scheinen. Gemeint sind Faktoren wie Testangst und mangelnde Enthüllungs- oder Auskunftsbereitschaft, die Testergebnisse weitgehend verfälschen oder eine Testuntersuchung überhaupt unmöglich machen können.

Des Problems der *Testangst* haben sich zu Beginn der fünfziger Jahre besonders SARASON und Mitarbeiter (1952, 1957) und TAYLOR (1953) angenommen. Die zahlreichen Arbeiten, die bisher zu diesem Thema erschienen sind (vgl. Sammelreferat von COSTELLO, 1964) beweisen, welche Bedeutung ihm für die psychologische Diagnostik zuerkannt wird. Bei der Testangst handelt es sich offenbar um eine spezielle Art von Prüfungsangst, die durch die Besonderheiten der psychodiagnostischen Situation noch gesteigert wird. Testangst – gemessen durch Testangstskalen – korreliert mit anderen Angstformen nur geringfügig, dagegen mit Intelligenzleistungen signifikant negativ. Andererseits gibt es unter bestimmten Bedingungen auch kompensatorische Leistungssteigerungen unter dem Enfluß von Testangst. Es besteht ferner kein linearer Zusammenhang zwischen den beiden Variablen. Ein mittlerer Grad von Testangst, eine situationsangemessene ›Anspannung‹, scheint gute Testleistungen eher zu begünstigen, während fehlende oder übermäßige Testangst zu schlechten Leistungen führt. Hier zeigt sich auch die Entsprechung von Testangst und Ichbeteiligung; überhaupt hängen beide Variablen eng miteinander zusammen. Eine deutliche Beziehung besteht ferner zu den Einflußgrößen Zeitdruck und Bedeutung der Testsituation für den Probanden. Testangst und Zeitdruck bedingen sich gegenseitig, und die Angst steigt – ebenso wie die Ichbeteiligung – mit der Relevanz der Situation.

Wenn der Testleiter auch durch ein einleitendes Gespräch und durch sogenannte ›Eisbrecher-Aufgaben‹ angstreduzierend wirken kann, so ist doch eine genauere Information über die (verbleibende) Testangst des Probanden keineswegs überflüssig. Die Entwicklung deutschsprachiger Testangstskalen und Untersuchungen über das Ausmaß der Verzerrung von Testergebnissen bei unterschiedlichen Graden von Testangst sind äußerst wünschenswert.

Verglichen mit der gelegentlich geradezu dramatischen Rolle der Testangst wirkt das Problem der (mangelnden) *Enthüllungs-* und *Auskunftsbereitschaft* auf den ersten Blick eher vordergrün-

dig. Man ist geneigt, diese Tendenz für eine bewußte Vorsichtsmaßnahme vor allem des Probanden wider Willen zu halten, und diese Funktion hat sie sicherlich auch häufig, wie im Abschnitt über ›Strategien‹ und ›Taktiken‹ noch genauer erläutert wird. Offenbar ist dies aber nur *ein* Aspekt der mangelnden Enthüllungsbereitschaft. Bekanntlich gibt es nicht wenige Menschen, die ganz allgemein ungern über sich Auskunft geben, selbst wenn es zu ihrem eigenen Nutzen wäre oder wenn sie die Situation, in der Offenheit von ihnen erwartet wird, selbst herbeigeführt haben. Häufig nennt man eine solche Haltung ›Dezenz‹ und billigt auch ihr einen hohen Grad von Bewußtsein und willentlicher Steuerung zu. Eine andere Bedeutung hat es, wenn man einen Menschen als ›verschlossen‹ bezeichnet: Hier spielt bereits die Vorstellung von Unfreiwilligkeit, Hemmung und Konfliktträchtigkeit mit hinein. Psychodynamisch betrachtet kann mangelnde Enthüllungsbereitschaft schließlich auf unbewußten Motivations- und Reaktionstendenzen beruhen, die willentlich nicht zu steuern sind. Entsprechendes gilt für den Gegentypus des ›Dezenten‹, den psychischen ›Exhibitionisten‹. Beide sind sich über ihre spezifische Verhaltensbereitschaft und deren motivationale Verwurzelung zumeist nicht im klaren.
Für die genauen Zusammenhänge gibt es einstweilen noch kaum empirische Belege, sondern nur psychodynamische Erklärungshypothesen. Mit der Konstruktion von Skalen zur Messung von Enthüllungsbereitschaft hat sich in jüngster Zeit SPITZNAGEL befaßt (noch unveröffentlicht). Ein Hauptproblem für die Konstruktion solcher Skalen besteht darin, daß man mit einer allgemeinen und zahlreichen spezifischen Formen dieser Reaktionstendenz rechnen muß. Es geht also zunächst einmal darum, die *Dimensionalität* des Merkmals zu klären.
Skalen zur Messung von Enthüllungsbereitschaft gehören – ebenso wie solche zur Messung von Testangst, Ichbeteiligung oder der Tendenz, im Sinne sozialer Erwünschtheit zu reagieren - zur Klasse der *Vor-Tests*, die der eigentlichen psychodiagnostischen Untersuchung vorgeschaltet werden sollten, um Korrekturwerte für Verzerrungseffekte zu gewinnen.

In welchem Außmaß nun Faktoren wie Testangst oder mangelnde Enthüllungsbereitschaft während der Testuntersuchung noch verstärkt oder abgebaut werden, hängt unter anderem von *atmosphärischen Bedingungen* der aktuellen Testsituation ab, etwa von dem, was MASLING (1960) als ›warm-cold-interaction‹ bezeichnet. LORD (1950) ließ 3 weibliche Testleiter ein bestimmtes Testleiterverhalten einüben und untersuchte dann dessen Auswirkung auf Rorschach-Test-Ergebnisse. Die erste Testleiterin verhielt sich freundlich und aufmunternd, die zweite fordernd und autoritär, die dritte neutral. Die freundliche Testleiterin erhielt im Durchschnitt mehr Antworten von ihren Probanden und solche Protokolle, die eine freiere Entfaltung von Phantasie und Verstandeskräften zeigten, während Phantasie, Gefühlsansprechbarkeit und produktives Denken in den Protokollen der autoritären Testleiterin eingeschränkt waren und dafür Minderwertigkeitsgefühle, Selbstzweifel und Kontrollbemühungen in den Vordergrund traten. Anknüpfend an die Experimente von Lord unterzog SPITZNAGEL (1964 b) einen männlichen und einen weiblichen Versuchsleiter einem gründlichen Rollentraining, dergestalt, daß der männliche Testleiter den autoritären und der weibliche den sozialintegrativen Part übernahm. Beide Testleiter untersuchten je zwei parallelisierte Gruppen 13 bis 15 Jahre alter Oberschüler mit einer Additionsaufgabe, dem HAWIK-Wortschatztest und dem Dia-Z-Test.[26] Nach einer Woche wurden die Schüler gebeten, einen fiktiven Briefaufsatz an »ihren besten Freund« über ihr Testerlebnis zu schreiben. Die Auswertung der Briefe erfolgte inhaltsanalytisch nach 3 Auswertungskategorien (positiv, negativ und ambivalent). Beim Vergleich der positiven gegenüber den ambivalenten und negativen Urteilen ergab sich, daß die Probanden der sozialintegrativen Testleiterin insgesamt ein positiveres Testerlebnis hatten als die des autoritären Testleiters ($P < 0.02$). LUFT (1953) ließ gleichfalls zwei Testleiterstile einüben, der eine gekennzeichnet durch kühle Zurückhaltung, der andere durch freundliches Eingehen auf den Probanden. Die Probanden hatten die Aufgabe, 10 Klecksbilder, die der jeweilige Testleiter selbst hergestellt hatte, als sympathisch oder unsympathisch einzustufen. Der freundliche Testleiter erhielt im Durchschnitt 7,6 Sympathieurteile, der kühle 3,1 ($P < 0.001$). Die Beispiele mögen zur Illustration dafür genügen, daß Probanden tatsächlich auf atmosphärische Bedingungen der Testsituation reagieren.

Konditionierungseffekte

Daß der Testleiter die Testergebnisse seines Probanden auch ganz direkt beeinflussen kann, im Unterschied zur mittelbaren Auswirkung einer ›warmen‹ oder ›kalten‹ Atmosphäre, zeigen gezielte *Konditionierungsexperimente* mit Formdeuteverfahren. WICKES (1956) testete 36 Undergraduate Students, die er in drei Gruppen aufgeteilt hatte, mit 30 selbstverfertigten Kleckstafeln. Bei den Probanden der einen Experimentalgruppe beschränkte sich der Testleiter während der ersten 15 Tafeln auf das übliche Protokollantenverhalten. Ab Tafel 16 kommentierte er die erste *B-Deutung*, die der Proband gab, mit der Bemerkung *fine*, die zweite mit *good* und die dritte mit *all right* und so in regelmäßiger Folge bis zur letzten Tafel. Diese Gruppe zeigte ein signifikantes Ansteigen der B-Deutungen in der zweiten Hälfte des Tests ($P < .025$). Bei den Probanden der zweiten Experimentalgruppe reagierte der Testleiter, nachdem er sich während der ersten Hälfte des Versuchs nach Standard-Vorschrift verhalten hatte, auf B-Deutungen mimisch und gestisch. Bei der ersten B-Deutung nickte er dreimal mit dem Kopf, bei der zweiten lächelte er und bei der dritten neigte er sich nach vorn. Dieses Verhalten wiederholte er ebenfalls bis zum Ende des Tests. Bei dieser Gruppe zeigte sich das Ansteigen der B-Deutungen in der zweiten Testhälfte noch deutlicher ($P < .005$). Bei der dritten Gruppe schließlich, der Kontrollgruppe, die nicht konditioniert wurde, ergab sich kein Unterschied in der Anzahl der B-Deutungen zwischen der ersten und der zweiten Testhälfte. GROSS (1959) bildete analog Wickes ebenfalls 3 Gruppen und konditionierte durch die Bemerkung *good* bzw. durch einmaliges Kopfnicken *Menschdeutungen*. Auch er konnte im Unterschied zur Kontrollgruppe für beide Experimentalgruppen eine Erhöhung der konditionierten Reaktionen in der zweiten Testhälfte nachweisen.

DINOFF (1960) stellte anhand von Befragungen im Anschluß an seine Konditionierungsexperimente fest, daß Vorgang und Effekt der Konditionierung dem Probanden nicht bewußt waren. SPITZNAGEL (1964 b, S. 93) hält es freilich »für durchaus denkbar, daß die Probanden aufgrund einer Einstellung, dem Versuchsleiter ›behilflich sein‹ zu wollen, ihr Wissen verdrängt haben.« REME (1965) untersuchte am Freiburger Institut 30 Studenten und 30 Studentinnen aller Fakultäten mit der Holtzman-Inkblot-Technique (HIT)[27] und konditionierte solche Deutungen, die sich durch eine besonders hohe *Formbestimmtheit* des Deutungskonzepts auszeichneten (durch Bemerkungen wie: *gut, sehr gut, ausgezeichnet* bzw. mit Kopfnicken). Insgesamt führten beide Methoden nur zu einer minimalen Erhöhung der konditionierten Reaktionen, verbale und nicht-verbale Konditionierung wirkten sich, insgesamt betrachtet, nicht unterschied-

lich aus, und weibliche und männliche Probanden unterschieden sich nicht in ihrer Konditionierbarkeit. Dagegen ergab sich eine signifikante Wechselwirkung zwischen Konditionierungsmethode und Geschlecht. Gegenüber der jeweiligen Kontrollgruppe erhöhten die männlichen Probanden signifikant ihre formbestimmten Deutungskonzepte, wenn sie durch Kopfnicken, die weiblichen Probanden, wenn sie verbal konditioniert wurden. Dieses Ergebnis legt nahe, differentielle Testleitereffekte anhand geeigneter varianzanalytischer Versuchspläne[28] zu untersuchen. Im übrigen berichtet auch Remé, daß ihre Probanden offensichtlich die Konditionierungsabsicht nicht bemerkten.
Für die Beurteilung der Relevanz solcher Konditionierungseffekte für die alltägliche Testsituation gilt, was schon verschiedentlich betont wurde. Natürlich konditioniert kaum ein Testleiter seine Probanden so massiv und gezielt, wie das in den geschilderten Experimenten der Fall war. Trotzdem sind entsprechende Auswirkungen auch in der nichtexperimentellen Situation zu befürchten. Selbst Psychologen haben ihr Minen- und Gestenspiel nicht so in der Gewalt, wie sie es oft gern hätten. Und jede aufmunternde oder anerkennende Bemerkung zu einem trägen Rorschach-Probanden, jede schweigend zur Kenntnis genommene TAT-Geschichte kann die folgenden Reaktionen beeinflussen. Im Labyrinth der projektiven Situation ist der Proband selbst für kleine Fingerzeige sehr empfänglich.

Anwesenheit und Abwesenheit des Testleiters

Doch der Testleiter braucht sich nicht einmal die Mühe zu machen, seinen Probanden aufwendig zu konditionieren oder sich autoritär zu gebärden. Manchmal genügt offenbar bereits seine *Anwesenheit* oder *Abwesenheit* im Testraum, um die Testbefunde zu beeinflussen. Hyman (1955) referiert eine Reihe von Untersuchungen, aus denen hervorgeht, daß bei Befragten die Tendenz, im Sinne sozialer Erwünschtheit zu antworten und persönliche Einstellungen zu unterdrücken, beim mündlichen Interview größer ist als bei der schriftlichen Befragung.

So erhielt Ellis (1947) auf die sehr persönliche Frage: »Wie sehr haben Sie als Kind ihre Mutter geliebt?« von 55 % der mündlich befragten Studentinnen die Antwort »sehr zärtlich«, dagegen nur von 37 % der schriftlich Befragten. Umgekehrt gab nur 1 % (eine Studentin) der mündlich Befragten zu, ihre Mutter »wenig« geliebt zu haben, während es bei den schriftlich Befragten immerhin 10 % waren.

In eine ähnliche Richtung weisen die Befunde von Bernstein (1956). TAT-Geschichten, die in Abwesenheit des Testleiters niedergeschrieben wurden, enthielten häufiger traurige Themen, traurige Ausgänge der Geschichten und eine stärkere Ich-Beteiligung als solche Geschichten, die in Anwesenheit des Testleiters verfaßt worden waren. Nach Cassel et al. (1958) fielen beim House-Tree-Person-Test Gesamtzeichnung und Haus signifikant größer aus und mehrten sich gleichzeitig die charakteristischen und diagnostisch relevanten Merkmale von Haus und Person, wenn die Zeichnung in Abwesenheit des Testleiters angefertigt wurde. In einer Versuchsserie von Spitznagel mit dem Rorschach-Test (1964 b, 68 ff.) war die Antwortenzahl im Selbstversuch (mit schriftlicher Instruktion) signifikant niedriger ($P < .01$), als wenn der Test von einem Testleiter aufgenommen wurde, was in diesem Fall für dessen *stimulierende* Wirkung spricht. Dagegen zeigte sich im Selbstversuch eine signifikante ($P < .05$) Erhöhung aller Bewegungsantworten (B + BT + dyn), also der innenorientierten Reaktionen, und zumindest in der Tendenz häufiger ein introversiver Erlebnistypus ($P < .20$).
Sader und Keil (1966, S. 294) behandeln das Problem der Anwesenheit oder Abwesenheit des Testleiters unter dem Stichwort *Beobachtung* und bemerken dazu, daß sich der Proband durch Beobachtetwerden in seiner Leistungsfähigkeit beeinträchtigt fühlen kann. Wie die schon zitierten Beispiele nahelegen, ist ein *einheitlicher* Effekt der Beobachtung auf Testergebnisse auszuschließen. Sader und Keil zitieren eine Untersuchung von Lehnig (1966), die zwischen beobachteter und unbeobachteter Durchführung des Leistungsprüfsystems von Horn (LPS) zwar keine Differenzen fand, aber anhand einer nachträglichen Exploration aufdeckte, daß die Probanden den objektiv gleichen Sachverhalt des Beobachtet- oder Nichtbeobachtetwerdens ganz unterschiedlich bewerteten. Nach Sader und Keil wurde Beobachtetwerden aufgefaßt »als Möglichkeit, sich zu zeigen, als Kontrolle durch den Vl, als bloßes Dasitzen des gelangweilten Vl usw.; Nichtbeobachtetwerden als ›In-Ruhe-arbeiten-können‹, als mangelndes Interesse des Vl usw.«
Anwesenheit oder Abwesenheit des Testleiters hat also weder eine einheitliche noch eine notwendigerweise auftretende Wirkung. Wahrscheinlich sind die Verhältnisse noch komplizierter. Dashiell (1930) fand bei Beobachtung von Probanden Anstieg der Leistungsmenge bei gleichzeitiger Qualitätsminderung. Dieses Ergebnis spricht für (synchrone) differentielle Effekte des Beobachtetwerdens in Abhängigkeit vom Aufgabentypus.

Fassen wir noch einmal zusammen: Selbst wenn der Testleiter keine bestimmte Rolle spielt und nicht gezielt manipuliert, sondern ganz einfach *da* ist, kann er als Störvariable wirken. Alles wäre halb so schlimm, wenn die Beeinflussung der Probanden wenigstens in dieselbe Richtung ginge. Aber das ist, wie gesagt, nicht so. Die jeweils spezifischen Interaktionen von Testleiter und Proband haben offenbar eine jeweils individuelle Resultante für die Testbefunde. Andererseits scheinen gewisse Testleiter ganz bestimmte Wirkungen auszuüben. Ich selbst begegnete diesem Phänomen zum ersten Mal, als ich einen Rorschach-Kurs abhielt und viele Protokolle durchsehen mußte, die von den Übungsteilnehmern aufgenommen worden waren. Es fiel auf, daß manche Studenten regelmäßig recht ähnliche Protokolltypen lieferten. Da gab es Testleiter, die stets über 100 Antworten bei ihren Probanden ›erzielten‹, während es andere niemals über 20 bis 25 brachten. In den Protokollen mancher Testleiter wimmelte es von verschwommenen G-Deutungen, in anderen von formscharfen Kleindetails. Es ist natürlich denkbar, daß die Studenten jeweils eine Reihe ähnlich strukturierter Freunde testeten. Ich hatte damals, obwohl ich die entsprechende Literatur noch nicht kannte, verschiedentlich den Verdacht, daß es sich hier um persönlichkeitsspezifische Einwirkungen der jeweiligen Testleiter handeln könnte. Später fand ich dann bei LORD (1950), daß GUILFORD offenbar als erster die Beobachtung mitgeteilt hatte, daß verschiedene Testleiter regelmäßig unterschiedliche Antwortzahlen ›produzierten‹.

BAUGHMAN (1951) analysierte 633 Rorschach-Protokolle von 15 Testleitern und fand, daß von 22 Merkmalen 12 auf dem 1‰-Niveau und 4 auf dem 5%-Niveau zwischen verschiedenen Testleitern differierten. Leider hat diese Arbeit die methodische Schwäche, daß die Protokolle von den jeweiligen Testleitern selbst signiert worden waren und nicht etwa von einer unabhängigen Person. So ist der Verdacht, daß hier eher Signierungsunterschiede als Testleitereinflüsse aufgedeckt wurden, nicht abzuweisen. Eine andere Arbeit vermied diesen Einwand: GIBBY und Mitarbeiter (1953) ließen parallelisierte Gruppen männlicher Patienten von insgesamt 12 Testleitern aus der gleichen Rorschach-Schule (Samuel Beck) mit wenigstens 2jähriger Testerfahrung aufnehmen. Alle Protokolle wurden ›blind‹ signiert. Von 9 Gesamtscores und von 8 Prozentwerten differierten jeweils 3 auf dem 5%-Niveau oder besser.

Arbeiten wie die von Baughman und Gibby et al. konnten zwar allgemeine Tendenzen aufdecken, aber deren Ursachen nicht interpretieren. Dazu hätte es einer Information über die Persönlichkeit des jeweiligen Testleiters bedurft. Solche Informationen bezogen SANDERS und CLEVELAND (1953) in ihre Untersuchung ein. Sie ließen die Testleiter von den Probanden im Anschluß an die Testuntersuchung nach dem Grad ihrer Ängstlichkeit und Aggressivität einstufen. Testleiter, die von ihren Probanden als besonders ängstlich und unsicher beurteilt wurden, erhielten mehr Antworten, mehr D-, Zw- und Farbdeutungen als solche Testleiter, die auf die Probanden selbstsicher wirkten. Ob hier allerdings mehr als die erhöhte Antwortenzahl interpretiert werden kann, ist fraglich, weil die übrigen Merkmale von der Antwortenzahl nicht linear abhängig sind. Man könnte diesen Befund als kompensatorische Kommunikationssteigerung der Probanden gegenüber ihren ängstlichen Testleitern deuten. Testleiter, die von den Probanden als besonders aggressiv angesehen wurden, registrierten mehr Schattierungsdeutungen (Y % nach Beck), weniger Mensch- und mehr Tierdeutungen sowie einen geringeren Aggressionswert (berechnet wurde nach den Richtlinien des Rorschach-Content-Test's von A. Elizur) und längere Reaktionszeiten. Aggressive Versuchsleiter provozierten also bei ihren Probanden offenbar ein kompensatorisches Ansteigen der sensibel-stimmungsmäßigen und eine Verminderung der aggressiven Reaktionen sowie ein Absinken des sozialen Interesses (Mensch-Deutungen) und der Spontaneität (Reaktionszeit). Eine weitere Untersuchung, in der ein bestimmtes Persönlichkeitsmerkmal des Testleiters kontrolliert wurde, wird von SPITZNAGEL (1964 b) zitiert. MULRY (1962) berichtet, daß Probanden, die von einem Testleiter mit großem Bedürfnis nach sozialer Anerkennung (gemessen mit der Marlowe-Crone-Social-Desirability-Scale) getestet wurden, am Pursuit-Rotor, einem motorischen Test, mehr leisteten als solche Probanden, deren Testleiter nur ein geringes Bedürfnis nach sozialer Anerkennung hatte.

Strategien und Taktiken der Probanden

Bisher war fast ausschließlich von Störeinflüssen im Rahmen der Testsituation die Rede, denen der Proband mehr oder minder *passiv* unterworfen ist. Daneben hat der Proband vielfältige Möglichkeiten – und manche Probanden machen ausgiebig von ihnen Gebrauch –, Testbefunde *aktiv* zu verfälschen. SPITZNAGEL unterscheidet *Strategien* und *Taktiken* als Tarnmanöver des Probanden (1964 b, 20 ff.). Dabei faßt er ›Strategie‹ als den weiteren Begriff. Eine Strategie (Beispiel: Versuch, einen guten oder schlechten Eindruck zu erwecken) bedient sich mehrerer Taktiken:

»Von einer Taktik sprechen wir, wenn ein Proband absichtlich oder unabsichtlich (aber psychodynamisch sinnvoll und einsehbar) von einer Lösungsweise Gebrauch macht, die den explizit formulierten oder implizit als selbstverständlich vorausgesetzten Testvorschriften (gewöhnlich in den Anweisungen niedergelegt) zuwiderhandelt.« (S. 22)

Solche Taktiken sind oft nur sehr schwer kontrollierbar und in der Regel nur indirekt zu beobachten. Direkt beobachtbar ist nach Spitznagel nur das Ausmaß der Mitarbeit als Indikator der allgemeinen Testmotivation. Dagegen sind selbst bei aktiver, manifester Mitarbeit absichtliche und/oder unabsichtliche Verzerrungen nicht auszuschließen. Im einzelnen unterscheidet Spitznagel folgende Taktiken:

1. *Latente oder versteckte Verneinung der Mitarbeit.* Er bringt dafür zwar kein Beispiel, gemeint sind aber wohl Verzögerungstaktiken, Zurückhalten von relevantem Material (mangelnde Äußerungsbereitschaft, z. B. geringe Antwortenzahl oder Versager im Rorschach-Test).
2. *Lügen als Taktik.* Beispiel: Jemand füllt ein Persönlichkeitsinventar aus und stellt sich dabei seinen Freund vor.
3. *Übertreibung als Taktik.* Dies ist in der Regel die bevorzugte Taktik bei der Simulation. Jemand liefert etwa ein völlig verrücktes Rorschach-Protokoll, um als unzurechnungsfähig zu erscheinen. Ein anderes Beispiel für Übertreibung als Taktik ist das Raten bei Aufgaben, die man nicht lösen kann. In diesem Fall möchte der Proband intelligenter erscheinen, als er ist.
4. *Understatement als Taktik.* Auch hier gibt Spitznagel keine Beispiele. Gemeint sind offenbar die ›weiß ich nicht – kann ich nicht‹-Reaktionen. Das Understatement ist eine beliebte Taktik bei der Simulation, wenn z. B. Intelligenz- oder Gedächtnisschwäche vorgetäuscht werden soll, und auch bei Dissimulation, wenn der Proband befürchtet, er könne sich durch ›verdächtige‹ Äußerungen verraten.
5. *Allgemeine Reaktionsstile oder spezifische Reaktionsformen.* Hierunter zählt Spitznagel die *response sets*, die besonders bei Persönlichkeitsinventaren und Einstellungsskalen auftreten können (Tendenz zur Bejahung, Verneinung oder Unent-

schiedenheit; Positionseinstellung wie Rechts-Links-Markierung; Tendenz, im Sinne der sozialen Erwünschtheit zu antworten; Testangst).

Spitznagel fährt fort:

»Strenges taktisches Handeln setzt ... 1. voraus, daß die Valenz des Tests erschließbar ist, 2. daß die Beziehung zwischen dem Test als Mittel und einem eindeutig bestimmten diagnostischen Zweck einsehbar ist und schließlich 3. daß die Bewertungsgesichtspunkte für die Testleistung bekannt sein müssen.« (S. 32)

Das gilt wohl für die meisten subjektiven Tests (Fragebogen) und auch für Leistungstests; weniger dagegen für projektive Verfahren und am wenigsten oder gar nicht für die objektiven Persönlichkeitstests. Trotzdem sind auch bei geringer oder fehlender Durchschaubarkeit des Funktionsprinzips eines Tests Taktiken sehr wohl möglich. Nur sind sie dann weniger gezielt, sondern eher etwas verwildert. Man denke etwa an das wahllose Aufgreifen von Farbplättchen beim Farbpyramidentest[29] oder ganz einfach an die Einschränkung der Äußerungsbereitschaft bei thematischen und Formdeute-Verfahren. Auch objektive Persönlichkeitstests lassen Taktiken zu. Liegen sie in Fragebogenform vor, so sind sie ›response-set‹-anfällig, und bei vielen apparativen Tests lassen sich zumindest Reaktionszeit und Arbeitstempo steuern.
Auf das Problem der *Kontrollierbarkeit* bestimmter Taktiken, etwa der ›response sets‹, anhand von Kontrolltechniken (›Lügenskalen‹, Index für die Tendenz zur Social-desirability-Reaktion, Mischung ›positiver‹ und ›negativer‹ Items usw.) soll hier nicht eingegangen werden, weil dieses Thema eher ins Gebiet der Testkonstruktion gehört. Ganz interessant ist in diesem Zusammenhang vielleicht ein Vorschlag von Hoeth und Köbler (1967), durch geeignete Zusatzinstruktionen gezielten Verfälschungstendenzen vorzubeugen. In einer Versuchsserie mit dem E.N.NR-Fragebogen von Brengelmann in verschiedenen Untersuchungssituationen (Ernstsituation = Auslesesituation, vorgestellte Ernstsituation mit Verfälschungsinstruktion, Testaufnahme »für wissenschaftliche Zwecke«) explorierten die Autoren u. a., welche Faktoren einer bewußten Verfälschung der Ergebnisse entgegenwirken können, und fanden

1. moralische Hemmungen der Probanden;
2. Bereitschaft zu wirklicher Selbsterforschung;
3. Befürchtung, die Fälschungsabsicht könne durchschaut werden, man könne sich in Widersprüche verwickeln usw.

Aufgrund dieser Befunde gaben Hoeth und Köbler einer Probandengruppe in Ernstsituation eine Zusatzinstruktion in dem Sinne, daß die Annahme, durchschauen zu können, welche Antwort den ›besseren Eindruck‹ mache, falsch sei, daß das bewußt falsche Ausfüllen des Fragebogens für den Untersucher erkennbar sei usw. Mit dieser Zusatzinstruktion wollten die Autoren bei den Probanden an ein System von Motivationen appellieren, das in deren Erleben offenbar bereits angelegt ist. Vergleiche von Testergebnissen mit und ohne diese Zusatzinstruktion weisen tatsächlich in die Richtung, daß Verfälschungstendenzen im ersten Fall gemindert wurden. Ganz eindeutig sind die Ergebnisse einstweilen freilich nicht. Ob diese Taktik des Versuchsleiters besonders ›fair‹ ist, sei dahingestellt. Unter einem solchen Aspekt betrachtet wäre allerdings das ganze Testen ziemlich unfair. Es kommt wieder einmal darauf an, zu welchem Ende man es betreibt.

Situative und interpersonale Störvariablen der Testinterpretation

Damit wollen wir die Testsituation im engeren Sinne verlassen und uns – mit Testprotokollen wohl versehen – zum *Auswerten* und *Interpretieren* zurückziehen. Doch wir haben uns zu früh gefreut: Noch immer sind wir den situativen und interpersonellen Einwirkungen der Testsituation nicht entronnen.
Im Unterschied zu anderen, oben zitierten Untersuchungen, die den Einfluß des Testleiters auf den Probanden analysierten, nahm sich MASLING (1957) die Wirkung des Probanden auf den Testleiter, genauer: auf dessen Dateninterpretation vor. Er kontrollierte das Verhalten der Probanden experimentell und betrachtete das Verhalten der Testleiter als abhängige Variable. Masling arbeitete mit attraktiven Mädchen als ›Komplizinnen‹, die sich als Probanden gegenüber ihren Testleitern, die in Wirklichkeit Versuchspersonen waren, teils sehr kühl und zurückhaltend, teils sehr entgegenkommend zeigten. Durchgeführt wurde ein projektiver Satzergänzungstest. Masling stellte fest, daß die Befunde der aufgeschlossenen Probandinnen von den Testleitern günstiger beurteilt wurden als die der distanzierten. Gefühle und Einstellung des Testleiters gegenüber dem Probanden können also offensichtlich seine psychodiagnostischen Schlußfolgerungen beeinflussen. Und spätestens bei der Testinterpretation kommt auch die *persönliche Gleichung* des Testleiters ins Spiel, wie die Ergebnisse der beiden folgenden Untersuchungen zeigen.

Filer (1952) analysierte 156 klinisch-psychologische Gutachten von 13 männlichen klinischen Psychologen hinsichtlich folgender Aussagen: Feindseligkeit, Feindseligkeit nach innen gerichtet, passive Abhängigkeit und Minderwertigkeitsgefühle. Die Verfasser dieser Gutachten wurden ihrerseits aufgrund ihres Verhaltens nach ihrer Souveränität, nach Intro-, Extra- und Impunitivität[30] und nach ihrer Neigung zu depressiven Verstimmungen eingestuft. Es ergaben sich recht komplexe Beziehungen zwischen den gutachtlichen Aussagen der Psychologen und den Fremdbeurteilungen ihrer eigenen Person. So wurden Psychologen, die häufig introjizierte Feindseligkeit diagnostizierten, selbst als depressiv und intropunitiv bezeichnet. Eine andere Studie von Filer ergab, wie Masling (1960) berichtet, daß die im Gutachten am häufigsten erwähnten Abwehrmechanismen für die Gutachter bezeichnender waren als für die Probanden.
Eine ähnliche Untersuchung führten Hammer und Piotrowsky (1953) durch. Sie ließen 3 fertig ausgebildete klinische Psychologen und 3 ›Interns‹ 400 House-Tree-Person-Zeichnungen auf einer 3-Punkte-Skala nach dem Grad der Aggressivität der Probanden beurteilen. Die 6 Psychologen selbst wurden von einem der Autoren ebenfalls nach ihrer Aggressivität, wie sie sich im Umgang mit Patienten und mit Kollegen an der Klinik gezeigt hatte, eingestuft. Zusätzlich wurde anhand des Szondi-Tests die Stärke der aggressiven Impulse der Interpreten beurteilt. Die Neigung, aufgrund von House-Tree-Person-Zeichnungen Aggressivität zu diagnostizieren, korrelierte (über Rangkorrelation) mit den Fremdeinstufungen der Aggressivität der Interpreten und mit deren einschlägigen Szondi-Test-Befunden jeweils mit Rho = .94. Die Abhängigkeit psychodiagnostischer Urteile von der Persönlichkeit des Interpreten scheint bisweilen ganz beträchtlich zu sein.

Rückblick – Kritik – Zusammenfassung

Wer auf das Gesagte zurückblickt, könnte den Eindruck gewinnen, Ziel meiner Ausführungen sei es gewesen, der Psychodiagnostik schriftlich den Garaus zu machen. Das war nun aber keineswegs meine Absicht. Ich wollte auch niemanden verunsichern, sondern lediglich einige Überlegungen äußern (oder doch wiederholen), die geeignet sein sollten, die kritische Selbstbesinnung des Psychodiagnostikers ein wenig anzuregen. Aber wenn wir schon kritisch sein wollen, dann wollen wir auch einen kritischen Blick zurück auf das Gesagte werfen. Denn die Ergebnisse, die ich referiert habe, müssen (Freud und Leid der Wissenschaft) in mancher Hinsicht wieder etwas in ihrer Bedeutung eingeschränkt werden. Beginnen wir mit den Vorbehalten, die schon MASLING in seinem Sammelreferat (1960) formuliert hat. Er gibt im einzelnen folgendes zu bedenken:

1. Die Testleiter stellen in den Versuchsplänen der geschilderten Experimente keine echten Zufallsstichproben dar. So ergibt sich die Frage nach der Generalisierbarkeit der Befunde. Genau genommen müßten Probanden wie Testleiter wirklichen Zufallsstichproben entstammen.
2. In den meisten Experimenten dieser Art wurden ›graduate students‹ als Testleiter eingesetzt. Masling hält es für fraglich, ob die Ergebnisse auch für ältere erfahrene Testleiter gelten. (Dieses Argument erscheint nun allerdings *mir* fraglich. Erfahrenere Testleiter mögen routinierter sein, aber oft nur hinsichtlich der Fehler, die sie machen.)
3. In Studien über den Testleitereinfluß, in denen Fälle aus Klinikarchiven benutzt wurden, wird die stillschweigende Voraussetzung gemacht, daß die Testleiter ihre Probanden zufällig zugeteilt bekamen. Das ist aber recht unwahrscheinlich. Häufiger ist in Kliniken die systematische Übernahme von Fällen durch bestimmte Diagnostiker aufgrund ihrer besonderen Interessen oder Kompetenzen. (Ein Argument, das übrigens auch für ähnliche Studien mit Psychotherapeuten gilt.)
4. Eine häufig benutzte Methode, Informationen über die Persönlichkeit der Testleiter zu erhalten, besteht darin, sie selbst zu testen. Nun können sich aber Psychologiestudenten oder gar ausgebildete Psychologen kaum unbefangen einem Test unterziehen, selbst dann, wenn sie ihn noch nicht kennen. Bessere Beurteilungsmethoden sind deshalb Einstufungen der Testleiter durch Kollegen (wie in den Arbeiten von FILER und HAMMER und PIOTROWSKY) oder durch die Probanden (wie in der Arbeit von SANDERS und CLEVELAND).
5. In den meisten Untersuchungen wurden keine Hypothesen über die zu erwartenden Ergebnisse formuliert und keine Voraussagen gemacht. Die Autoren begnügten sich oft damit, Unterschiede zwischen experimentellen und Kontrollgruppen festzustellen und statistisch zu sichern. So konnten sie oft ihre Befunde nicht interpretieren.
6. Bei vielen Untersuchungen zum Testleitereinfluß im Rorschach-Test wurde es – vor allem vor CRONBACHS (1949) Kritik an der Rorschachforschung – versäumt, die Antwortenzahl zu

kontrollieren. Diese steht nämlich zu den meisten Rorschach-Variablen in nichtlinearer Beziehung. So könnte man etwa unberechtigterweise Testleitereinflüsse auf die Determinantenreihe feststellen, wo es sich allenfalls um eine Erhöhung der Antwortenzahl handelt.

Trotz solcher methodischer Mängel, meint Masling, legen die zitierten Untersuchungen doch die Existenz situativer und interpersonaler Einflüsse auf die Ergebnisse projektiver – und wir können ruhig hinzufügen: auch nicht-projektiver – Tests nahe. Dieser Meinung ist auch Spitznagel. Im folgenden wird stichwortartig sein Resumé der vorliegenden Befunde zum Testleitereinfluß referiert (1964 b, S. 93 ff.).

1. Die Existenz eines Testleitereffekts (oder wie Spitznagel auch sagt: eines Diagnostiker-Effekts) ist erwiesen.
2. Dieser Diagnostiker-Effekt ist experimentell erzeugbar.
3. Der ideale Diagnostiker und der ideale Proband sind Fiktionen.
4. Die Standardisierung von Tests, Instruktionen, Situationen, Reaktionsweisen, Testleiterrolle und Probandenrolle ist trotzdem notwendig, wenn auch nur unvollkommen wirksam. Jede Standardisierung stößt an eine nicht überschreitbare Grenze.
5. In einer Reihe von Experimenten konnte ein Diagnostikereffekt nicht nachgewiesen werden. Der Effekt *kann* also auftreten, *muß* es aber nicht.
6. Der Diagnostikereffekt ist weder inhaltlich noch in seiner Funktionsweise bisher klar umschrieben. Der Diagnostiker stellt für den Probanden einen vielseitigen, verschiedenen und selektiv interpretierbaren Stimulus dar.
7. Untersuchungen zum Diagnostikereffekt müssen folgende Faktoren berücksichtigen, und umgekehrt müssen auch diese Faktoren experimentell reproduzierbar sein:
   a) Existenz
   b) Ursachen
   c) Wirkungsart und Wirkungsrichtung
   d) Übertragungskanäle
8. Aufgrund der vorliegenden empirischen Daten ist anzunehmen, daß der Diagnostikereffekt nicht an eine spezielle Situation gebunden ist. Er kann auftreten in der Interviewerbeziehung, in der Testbeziehung und auch in der psychotherapeutischen Beziehung.
9. Die Beziehung zwischen unabhängiger und abhängiger Va-

riable bei Untersuchungen zum Diagnostikereffekt ist einmehrdeutig. Die unabhängige Variable hat je nach Reizsituation und Reizkonstellation eine andere Wirkung, wie etwa die Arbeit von FOSBERG (1941) zeigt: Manche Probanden erhöhten die Antwortzahl im Rorschach-Test, um einen guten, andere um einen schlechten Eindruck zu machen. Ein anderes Beispiel wäre etwa die Wirkung des Status des Testleiters, die sich in manchen Untersuchungen als aktivierend und stimulierend, in anderen als hemmend und dämpfend erwies.

10. Schließlich gibt Spitznagel eine vorläufige Charakterisierung der Wirkungsweise des Diagnostikereffekts (S. 102 f.):

Wirkungsweise	Bedingung
1. Hemmung	a) Diagnostiker als Fremder b) Testleiter mit autokratischem Kontaktstil
2. Stimulation	a) Diagnostiker als Bekannter b) als anwesender Beobachter c) mit demokratischem Verhaltensstil
3. Kombination von Hemmung und Stimulation	als anwesender Beobachter
4. Verzerrung a) Angleichung b) Kontrast	Bedingungen unbekannt

Bleibt zu fragen, wie man denn nun das Ausmaß des Testleitereffekts in der *psychodiagnostischen Praxis* zu beurteilen habe – mehr noch: das Ausmaß all der anderen möglichen Verzerrungseffekte, die in diesem Kapitel behandelt wurden und die in den Zusammenfassungen von MASLING und SPITZNAGEL nicht thematisiert sind. Hier geben SADER und KEIL in ihrem Sammelreferat eine Antwort – eine Antwort freilich, die aus dem Chor der meisten anderen Antworten ziemlich herausfällt. Sie beginnt mit einer ebenso lakonisch wie elegant formulierten Polemik:

»In der diagnostischen Literatur wird ziemlich einhellig darauf hingewiesen, daß diese Bedingungskonstanz [der Testsituation] a) unerläßlich, b) aber nie so recht gegeben sei. Die meisten Autoren pflegen sich damit zu helfen, zunächst durch Literaturhinweise zu belegen, was alles an Versuchsbedingungen, wenn unkontrolliert, Einfluß nehmen kann, dann mahnend darauf hinzuweisen, man solle nur ja recht exakt arbeiten, anschließend zuzugeben, daß das nicht möglich sei und im übrigen den Leser mit diesem Problem allein zu lassen ...« (S. 279)

Sader und Keil bezweifeln zunächst einmal die Übertragbarkeit vieler experimenteller Befunde über Verzerrungseffekte auf die Verhältnisse der ›normalen‹ Testsituation, hauptsächlich aus folgenden Gründen:

1. Wenn in entsprechenden Untersuchungen überhaupt nennenswerte, statistisch signifikante Unterschiede zwischen Experimental- und Kontrollgruppe auftreten, so seien sie inhaltlich häufig belanglos.
2. Durch ›Experimentiertricks‹ (»sehr sensibles Meßinstrument, geeignete und hinreichend große Stichprobe, geeignete Konstellation der übrigen Versuchsbedingungen«) lasse sich praktisch für jedes gewünschte Ergebnis statistische Signifikanz erzielen. (Ein für die Adressaten nicht gerade schmeichelhafter Vorwurf!)
3. »Derartige Experimente werden ... vielfach unter Versuchsbedingungen durchgeführt, die in der Testpraxis nicht vorkommen oder doch nicht vorkommen sollten.« (S. 280) Zudem arbeite man in der Regel mit ›Berufs-Versuchspersonen‹ (gemeint sind wahrscheinlich Studenten).

So kommen Sader und Keil zu dem Urteil, daß etliche Ergebnisse und Fragestellungen der einschlägigen Forschung »mehr dem Spieltrieb neuerer Experimentatoren als der Sorge um die Arbeitsfähigkeit der diagnostischen Praxis zu danken« (S. 280) sind. Zweifellos trifft dieses Urteil für viele – aber eben doch längst nicht für alle – Untersuchungen zu. Für welche, läßt sich oft nicht genau abschätzen, weil die Autoren gewöhnlich nicht alle dafür notwendigen Informationen mitteilen (besonders wird bei der qualitativen Beschreibung von Stichproben gesündigt).

In einem zweiten Schritt diskutieren die beiden Autoren in kritischen Kurzreferaten experimentelle Befunde über die Wirkung folgender neun Versuchsbedingungen auf Testergebnisse:

1. Ichbeteiligung
2. Erfolg und Mißerfolg
3. Lob und Tadel
4. Testangst
5. Testleitereinfluß
6. Beobachtung, Zeitdruck, Belastung

7. Meßintention und Testmotivation
8. Absichtliches Verfälschen
9. Testübung

Sader und Keil vertreten die Auffassung, daß grundsätzlich alle diese Faktoren einen verfälschenden Einfluß auf Testergebnisse haben *können*, in »der psychodiagnostischen Praxis« jedoch »zumeist« (»im allgemeinen«, »im Normalfalle«) »wohl keine quantitativ erhebliche Rolle« spielen (»zu übersehen« sind, sich »in Grenzen« halten). Den größten Respekt scheinen die Autoren noch vor den Auswirkungen von Meßintention und Testmotivation des Probanden und – bei bestimmten Tests – vor Verfälschungsabsichten zu haben; sonst geben sie sich eigentlich recht optimistisch.

Ist dieser Optimismus, der Sader und Keil von manchen anderen Autoren unterscheidet, gerechtfertigt? Bedenken wir noch einmal ihre beiden Hauptargumente:

1. Viele experimentelle Befunde der ›testkritischen‹ Forschung sind für die psychodiagnostische Praxis irrelevant.
2. Mögliche Störvariablen spielen in der ›normalen‹ Testsituation eine geringe Rolle oder sind doch durch geeignete Maßnahmen reduzierbar.

Zunächst fällt auf, daß Sader und Keil stets von »*der* psychodiagnostischen Praxis« oder vom »diagnostischen *Normalfall*« sprechen. Angesichts der außerordentlichen Variabilität psychodiagnostischer Situationen und ihrer Determinanten sind solche Kennzeichnungen doch offenbar *Abstraktionen*. Will man psychodiagnostisches Arbeiten *überhaupt* rechtfertigen, so mag der Hinweis nicht unwichtig sein, daß sich Fehlervarianzen durchschnittlich in tolerablen Grenzen halten; für die zahlreichen Spezialfälle ist dieses Argument nur ein schwacher Trost. Sader und Keil würden nun wahrscheinlich auf ihre konkreten Ratschläge für den Praktiker verweisen, aber wieweit diese Ratschläge das Problem lösen, ist eine andere Frage (vgl. S. 68 f.).
Zum zweiten: Wenn die meisten Experimente zur Psychodynamik der Testsituation und deren Ergebnisse für die psychodiagnostische Praxis relativ belanglos sind, so bedeutet das doch keineswegs, daß entsprechende Verzerrungseffekte hier überhaupt nicht oder jedenfalls in sehr viel geringerem Ausmaß auftreten. Man könnte einen ganz anderen Schluß aus der behaupteten Irrelevanz der bisherigen ›testkritischen‹ Forschung für die Praxis ziehen: *Unter den Bedingungen der konkreten Testsituation ist noch gar nicht (nennenswert) experimentiert worden!* Das heißt aber: Man weiß noch gar nicht so genau,

was in der ›echten‹ Testsituation eigentlich geschieht, und man kann sich also ein endgültiges Urteil über Art und Ausmaß von Störeinflüssen erst dann bilden, wenn Ergebnisse aus praxisnahen Untersuchungen vorliegen.
Sind Sader und Keil vielleicht doch etwas zu optimistisch? Jedenfalls haben sie – und das ist ihr besonderer Verdienst – durch ihre sorgfältige Dokumentation und nüchterne Betrachtungsweise die Diskussion über das Thema ›Bedingungskonstanz‹ versachlicht, wenn ihnen auch mancher Fachkollege entgegnen mag, sie hätten die Problematik etwas ›heruntergespielt‹.
Nicht alle Psychodiagnostiker betrachten übrigens Variabilität und Inkonstanz der Testbedingungen von vornherein als Störquelle. SPITZNAGEL (1964 b, S. 104 ff.) unterscheidet zwei grundsätzlich verschiedene Interpretationsmodelle: das psychometrische und das psychoanalytische. Nur vom *psychometrischen* Standpunkt aus muß der Testleitereffekt – und wir können hinzufügen: alle in diesem Kapitel genannten Effekte – als (unerwünschte) Fehlerkomponente betrachtet werden, die es zu kontrollieren und zu reduzieren gilt. Zusammen bilden diese Störeffekte jenen Anteil der Fehlervarianz von Testergebnissen, der – im Unterschied zum instrumentbedingten Anteil – auf Kosten der Durchführungsbedingungen und der Situation geht.
Aus *psychoanalytischer* Sicht dagegen gilt der Testleitereffekt – und wieder kann man hinzufügen: auch Faktoren wie Ichbeteiligung, (Test-) Angst, (Test-) Motivation, Reaktion auf Erfolg und Mißerfolg, auf Lob und Tadel, auf psychische Belastung – nicht als ein »notwendig zu akzeptierendes Übel«, sondern als »wesentliche Größe«. In der diagnostischen Situation sind nach psychoanalytischer Auffassung Übertragungseffekte und spezifische Reaktionstendenzen nicht nur nicht zu vermeiden, sondern geradezu *Vehikel* des diagnostischen Prozesses (SCHAFER, 1954; PHILLIPSON, 1955; LEVENTHAL, 1962; SHORE, 1962; JAPPE, JOHN und VOGEL, 1965; VOGEL, 1968). Natürlich dürfte dieses Interpretationsmodell selbst von Psychoanalytikern nicht auf alle diagnostischen Situationen, sondern vorab auf die *klinisch-psychologische* Situation angewendet werden.

Interesanterweise haben sich die psychometrische und die psychoanalytische Betrachtungsweise in jüngerer Zeit einander insofern etwas genähert, als auch in der modernen Testtheorie Begriffe wie ›numerische Exaktheit‹ oder ›gemessener‹ bzw. ›wahrer‹ Testwert an Bedeutung verlieren. In der neueren Entwicklung der Psychodiagnostik geht es – so SADER und KEIL (1966, S. 281) – nicht mehr um die Frage einer ›möglichst exakten‹, sondern um die einer ›qualitativ richtigen‹ Entscheidung.

Die Hoffnung, daß der Psychodiagnostiker bei der Dateninterpretation mögliche Datenverzerrungen wieder rückgängig machen kann, ist angesichts einer Reihe von Forschungsergebnissen (etwa HAMMER und PIOTROWSKY, 1953) und der Erfahrung ein schlechter Trost. Bei der herkömmlichen Art des Diagnostizierens macht der Diagnostiker während der Interpretation eher neue Fehler, als daß er bestehende korrigiert; andere psychodiagnostische Modelle wie das der *sequentiellen Strategie*[31] (CRONBACH und GLESER, 1965[2]) sind in dieser Hinsicht viel weniger anfällig. Methodisch orientierte Psychodiagnostiker verlassen sich jedenfalls nicht darauf, daß sich Testleiter und Interpreten im situativen Feld und im Dickicht von Übertragung und Gegenübertragung schon irgendwie zurecht finden werden, sondern sie schlagen vor, Störeinflüssen durch gezielte Maßnahmen vorzubeugen oder entgegenzuwirken.

Für solche Vorschläge gibt es verschiedene Adressaten: psychodiagnostische Praktiker, Grundlagenforscher und Testkonstrukteure (vgl. SADER und KEIL, 1966). Tatsächlich sind Sader und Keil so ziemlich die einzigen Autoren, die versuchen, dem *Testpraktiker* einige konkrete und systematische Ratschläge zu geben. *Wie* konkret und wie brauchbar diese Ratschläge sind, muß jeder Praktiker selbst entscheiden; die Lektüre des Originalreferats sei hiermit dringend empfohlen. Mir persönlich scheinen viele dieser Ratschläge zu allgemein, zu wenig faßbar zu sein, ohne daß ich selbst in vergleichbarer Kürze konkretere geben könnte. Letztlich betonen Sader und Keil – wahrscheinlich zu Recht – die Bedeutung von ›Intuition‹ und ›gesundem Menschenverstand‹ als Korrektive der diagnostischen Entscheidung (S. 301). Hier stoßen freilich alle praktischen Ratschläge an eine Grenze: Man kann zwar den Diagnostikern sagen, worauf sie achten sollten, aber Sensibilität für Situationsdynamik und Souveränität im Interaktionsgeschehen ist kaum lehrbar und auch durch Übung oft nur unvollkommen zu erwerben.

Aufs Ganze gesehen führt es vielleicht doch weiter, die psychodiagnostische *Grundlagenforschung* zu intensivieren, um objektivere Kriterien zur Beurteilung und Korrektur der Situationsdynamik zu gewinnen. Als besonders wichtig betrachten Autoren wie MASLING (1960), COHEN (1962), SPITZNAGEL (1964 b) und HOLZKAMP (1966) eine systematische Kommunikations- und Interaktionsanalyse und die Entwicklung besonderer Methoden zur Erfassung der wichtigsten Interaktionsvariablen. Weiterhin fordert Holzkamp eine systematische Analyse von Befindlichkeitsvariablen und Verfahren zu ihrer Aktualdiagnose in der Testsituation. Entsprechende Untersuchungen sind freilich nur dann sinnvoll und erfolgsversprechend, wenn man – eingedenk der Kritik von Sader und Keil an der bisherigen Forschung und ihren Vorschlägen folgend – mit Fragestellungen und unter Bedingungen arbeitet, die für die psychodiagnostische Praxis relevant sind.

Die *Testkonstrukteure* schließlich sollten sich künftig nicht mehr darauf beschränken, Tests für fiktive ›Standardsituationen‹ zu entwickeln, sondern die Erkenntnisse der Forschung und die Bedürfnisse der Praxis bei ihrer Arbeit stärker berücksichtigen. Schon bei der Eichung und Validierung von Tests müßten die wichtigsten Interaktions- und Befindlichkeitsvariablen zumindest kontrolliert werden (an differentielle Normen ist wohl im Augenblick noch nicht zu denken). Sader und Keil versprechen sich auch von einer Verbesserung der Instruktionen und der figural-optischen Gestaltung des Testmaterials eine positive Wirkung vor allem auf die Durchführungsbedingungen und auf die Testmotivation des Probanden.

Heutige und künftige Diagnostiker brauchen sich jedenfalls keine Sorgen zu machen, daß nach 70 Jahren psychodiagnostischer Forschung nichts wesentlich Neues für sie zu tun übrigbleibe.

Das Gutachten

Nichts fällt dem angehenden Psychodiagnostiker schwerer – darüber dürfte Einigkeit bestehen – als Gutachten zu schreiben. Wenn er sich längst eine leidliche Routine im Testen erworben hat und beruhigende Evidenzgefühle bei der Dateninterpretation in ihm aufsteigen, müht er sich noch immer recht und schlecht, seine psychodiagnostischen Einsichten zu formulieren. Fehler, die bei der Testdurchführung gemacht werden, sind hinterher oft nicht mehr objektivierbar, das Diagnostizieren verläuft in der Regel (leider!) so implizit, daß es sich einer strengen Kontrolle und Selbstkontrolle weithin entzieht, aber das Gutachten steht unverhüllt auf dem Papier, der Kritik des Lesers und der Selbstkritik des Autors preisgegeben.

Leider hält das Unbehagen, das den Anfänger gewöhnlich beim Schreiben von Gutachten überkommt, nicht lange an. Wenn er in der Praxis erst einmal Gutachten am Fließband fertigt und die Erfahrung macht, daß sie ihm tatsächlich ohne größere Gegenwehr abgenommen werden, verzichtet er bald auf seine Skrupel und gewinnt an Zuversicht. Auch hier wirkt Routine positiv verstärkend; Erfahrung macht nicht immer kritisch, sondern häufig selbstzufrieden.

Die wissenschaftliche Literatur über das psychologische Gutachten umfaßt denn auch nicht viel mehr als zwei Dutzend Titel. Die Praktiker haben offenbar wenig Bedürfnis nach einer objektiven Kontrolle ihrer Gutachtererfolge, und für die Theoretiker ist das Gutachten als Forschungsgegenstand wohl nicht interessant genug. Scheint es doch in seiner individuellen Vielfalt und ephemeren Zweckbestimmtheit den Niederungen der Kasuistik anzugehören, die – wie oft behauptet wird – einer methodischen Kontrolle nicht zugänglich ist und ihrer auch nicht bedarf.

Selbst die wenigen Autoren, die sich über das psychologische Gutachten geäußert haben, scheinen von der Wissenschaftlichkeit ihres Gegenstandes nicht eben überzeugt zu sein. Sie betrachten – wie die Deutschen Behn (1953) und Salber (1964) – die Gutachtertätigkeit als eine ›Kunstfertigkeit‹ oder – wie die meisten amerikanischen Autoren – als vorwiegend technisch-organisatorische Leistung.

Die Monographien und Aufsätze von Taylor und Teicher

(1946), HOLZBERG et al. (1951), FOSTER (1953), DAILEY (1953), LODGE (1953), HAMMOND und ALLAN (1953), GARFIELD et al. (1954), THORNE (1956, 1960), TALLENT (1956, 1958), TALLENT und REISS (1959), MAYMAN (1959), W. G. KLOPFER (1960), HUBER (1961), HEISS (1964), THOMAE (1967), SCHUBENZ (1967) u. a. enthalten zwar eine Fülle von Anregungen und Empfehlungen, die aber vielfach recht unverbindlich bleiben und in der Regel über technische Ratschläge nicht hinausgehen. Selten finden sich grundsätzlichere Überlegungen, die die Problematik des Gutachtens und seine Bedeutung im Rahmen der psychologischen Diagnostik klar herausstellen und Ansatzpunkte für eine entsprechende Grundlagenforschung bieten. Dabei wäre für die Psychodiagnostik nichts wichtiger als eine Systematik des Gutachtens und nichts so irrig wie die Annahme, man könne sich zu diesem Zweck auf die Erfahrung stützen und auf eine methodisch kontrollierte Bedingungsanalyse verzichten. Die geforderte systematische Analyse kann auch in diesem Beitrag nicht geleistet werden; der Hinweis auf einige Probleme und auf mögliche Ansatzpunkte zu ihrer Lösung muß genügen.

Inhalt, Bezugsrahmen und Aufbau von Gutachten

Kehren wir zurück zu unserem Psychodiagnostiker, den wir am Ende der Testuntersuchung verlassen haben. Er steht nun vor der Aufgabe, eine Fülle von Daten aus heterogenen Informationsquellen (Exploration, Verhaltensbeobachtung, unterschiedliche Tests u. a.) so zu verarbeiten, daß zu guter Letzt eine Antwort auf die Fragen des Auftraggebers zustande kommt. Diese Antwort wird gewöhnlich als *Gutachten* formuliert. »Unter einem psychologischen Gutachten«, schreibt HEISS (1964, S. 975), »verstehen wir die aufgrund unserer Untersuchungen gegebene zusammenfassende Darstellung.«
Nach dieser Definition könnte ein Gutachten aus einem einzigen Satz bestehen, z. B.: »Der Proband X ist fähig, das Gymnasium erfolgreich zu besuchen.« Oder: »Die Glaubwürdigkeit des jugendlichen Zeugen Y muß erheblich eingeschränkt werden.« Auch die Einstufung eines Probanden anhand eines geeigneten Profils könnte nach der Definition von HEISS als Gutachten gelten. In diesen beiden Fällen wäre das Abfassen von Gutachten (nicht die diagnostische Urteilsbildung!) unproblematisch. Gewöhnlich geben sich aber weder Gutachter noch Gutachtenempfänger mit zusammenfassenden Stellungnahmen dieser Art

zufrieden. In der psychodiagnostischen Praxis wird in der Regel ein ›ausführliches Persönlichkeitsgutachten‹ verlangt und geliefert. Nehmen wir also an, unser Diagnostiker müsse ein solches Gutachten erstellen.

Zuerst ergeben sich für ihn folgende Hauptprobleme:

Welche *Informationen* soll das Gutachten enthalten?

Wie sind diese Informationen zu *präsentieren?*

Wie kommt man von den Informationseinheiten zu einer *zusammenhängenden Darstellung?*

Es sind dies Fragen nach Inhalt, Bezugsrahmen und Aufbau des Gutachtens. In der zitierten Literatur finden sich manche Antworten, die allerdings zumeist Einzelaspekte herausgreifen und den engen Zusammenhang des gesamten Fragenkomplexes nicht genügend beachten. So fehlt es nicht an Inhaltskatalogen für psychologische Gutachten, aber diese Kataloge sind entweder so allgemein gehalten, daß sie unverbindlich bleiben, oder so speziell und an bestimmte Voraussetzungen gebunden, daß ihre praktische Verwendbarkeit sehr eingeschränkt ist und das grundlegende Problem des Gutachteninhalts verdeckt wird.

Kaum je werden *Kriterien* für die Forderungen an den Gutachteninhalt genannt. Muß in einem idealen Gutachten alles stehen, was man zu einem bestimmten Gegenstand anhand psychodiagnostischer Methoden überhaupt aussagen kann? Und wenn das Spektrum durch eine Methodenauswahl bereits eingeschränkt ist: Gehört alles ins Gutachten, was der Diagnostiker gefunden hat? Oder das, was der Auftraggeber ›erfahrungsgemäß‹ erwartet? Oder das, was er als Antwort auf seine Frage und zur Lösung seines Problems braucht? (Und muß der Gutachter nicht manchmal unterscheiden zwischen dem, was der Auftraggeber wissen muß, was er nicht wissen braucht, und was ihn vielleicht nichts angeht?)[32]

Sodann teilen die Autoren von Inhaltskatalogen gewöhnlich nicht mit, woher die geforderten Informationen zu beziehen sind. Die *Operationalisierung* der Kataloge wird den einzelnen Gutachtern überlassen. Es mutet wenig sinnvoll an, über den Inhalt von Gutachten zu sprechen, ohne gleichzeitig auf die damit zusammenhängenden Probleme wenigstens hinzuweisen.

Das Gutachten als Ganzes wird von einzelnen Autoren aus unterschiedlichem Blickwinkel betrachtet. HEISS (1964) bestimmt es von seinem Zweck her, also aus externer Sicht, und unterscheidet:

1. Das Gutachten als Darstellung und ›Bild‹ der Persönlichkeit;
2. Das stellungnehmende und urteilende Gutachten;

3. Das beratende Gutachten.

W. G. Klopfer (1960) betrachtet das Gutachten aus intern-diagnostischer Perspektive und kommt zu folgenden Typen:

1. Theorie-orientiertes
2. Test-orientiertes
3. Problem-orientiertes
4. Persönlichkeits-orientiertes
5. Ich-psychologisch-orientiertes

} Gutachten.

Andere analytische Perspektiven sind möglich und notwendig. Ausgangspunkte könnten etwa die Person des Auftraggebers, die Auftrags- und Bewährungssituation sein. Eine systematische Analyse müßte alle diese Betrachtungsebenen aufeinander beziehen, statt sie isoliert abzuhandeln.

Was dem Gutachter und besonders dem Anfänger mit die größten Schwierigkeiten bereitet, ist die Übersetzung und Umformung diagnostischer Einsichten und Schlußfolgerungen in *Aussagen* und deren sinnvolle Verknüpfung zum Gutachtentext – also das, was man im Unterschied zur diagnostischen Urteilsbildung als *Gutachtentechnik* bezeichnen könnte. W. G. Klopfer (1960, Kapitel 5) und besonders Lodge (1953) haben recht detaillierte Strategien dafür entwickelt, wie der Gutachter von Rohdaten und Informationseinheiten zum fertigen Gutachten gelangen kann. Aber zumindest bei Lodge zeigt sich deutlich die Grenze einer vorwiegend ›technischen‹ Orientierung. Er gibt zwar eine perfekte Administration des Gutachtenschreibens, die aber bei ihrem völligen Mangel an theoretischer Fundierung einer willkürlichen Mosaik-Diagnostik Tür und Tor öffnet. W. G. Klopfer hat zumindest gesehen, daß das Schreiben von Gutachten durch formale Eigentümlichkeiten der vorausgegangenen psychodiagnostischen Urteilsbildung, ja sogar durch bestimmte Auswertungstechniken, determiniert wird. Im Gutachten schlagen sich nicht nur Daten nieder, sondern auch Art und Weise ihrer ›Behandlung‹. Die Arbeitsphasen *Auswertung, Interpretation* und *Gutachtenformulierung* sind gar nicht zu trennen, sondern müssen systematisch aufeinander bezogen werden. Aus dieser Einsicht heraus geht auch Heiss bei seiner Darstellung der Konstruktionsprinzipien des Gutachtens, allerdings auf Kosten der ›Gutachtentechnik‹, auf eine Analyse der diagnostischen Prozesse zurück (1964, S. 984 ff.).

Fassen wir das bisher Gesagte thesenartig zusammen. Zu fordern wäre:

1. Analyse und weitgehende *Formalisierung* von Datenauswertung, diagnostischer Urteilsbildung und Gutachtentechnik.

2. *Interdependenzanalyse* von Untersuchungsplanung, Auswertungstechnik, Urteilsprozessen und Gutachtentechnik.
3. *Operationalisierung* des psychodiagnostischen Vokabulars.
4. Analyse und theoretische Fundierung des *Bezugsrahmens* von Gutachten (diagnostische Erschließung von Persönlichkeits- und Verhaltensmodellen, Situationsanalyse, Auftraggebertypologie u. a.).

Die Realisierung dieses Programms käme natürlich einer Herkulesarbeit gleich und würde an Aufwand, aber auch an Bedeutung der Entwicklung der Testtheorie gewiß nicht nachstehen.

Verständlichkeit von Gutachten

Der Gedanke ist der sinnvolle Satz.
Alles, was überhaupt gedacht werden kann, kann klar gedacht werden. Alles, was sich aussprechen läßt, läßt sich klar aussprechen.
Wovon man nicht sprechen kann, darüber muß man schweigen.

Ludwig Wittgenstein, Tractatus Logico Philosophicus.

Würde man diese Sätze auf die Psychodiagnostik anwenden, so dürften viele Diagnostiker keine Gutachten schreiben. Jeder Psychologiestudent erlebt es während seiner Ausbildung immer wieder, daß seine Gutachten nicht richtig verstanden werden und daß er umgekehrt die Gutachten anderer teilweise mißversteht. Wir müssen damit rechnen, daß die Verständigungsbarrieren zwischen Gutachtern und psychologischen Laien noch höher sind.[33] Empirische Untersuchungen zu diesem Problem gibt es nur sehr wenige.

Die Sprachebene des psychologischen Gutachtens ist die der *Sachprosa*. Sachprosa unterscheidet sich inhaltlich und stilistisch von der dichterischen Prosa und der Prosa der Umgangssprache. Aber sie unterscheidet sich auch in ihrem Ziel. Während die dichterische Prosa ästhetisch ansprechen, Atmosphäre schaffen, Assoziationen mobilisieren, Gefühle und Stimmungen wecken möchte, will die Sachprosa gezielt informieren. In der Regel wird dabei ein *Informationsgefälle* zwischen Verfasser und Leser vorausgesetzt, das verringert werden soll. Kriterium für Erfolg oder Mißerfolg einer Informationsübertragung ist das Verhältnis von *gesendeter* und *empfangener* Information.

Ein psychologisches Gutachten erfüllt seinen Zweck um so besser, je mehr von dem, was der Gutachter sagen will, beim Auftraggeber »ankommt«, d. h., je besser es im Sinne der Darstellungsintention verstanden wird. Was bei der Belletristik noch angehen mag – Benn: Schriftsteller, die ihrem Weltbild sprachlich nicht gewachsen sind, nennt man in Deutschland Seher –, ist bei psychologischen Gutachten eine Todsünde: Ein Diagnostiker, der seinen Befunden sprachlich nicht gewachsen ist, ist ein schlechter Gutachter, mögen seine Einsichten und Schlußfolgerungen noch so richtig sein.

Alles wäre halb so schlimm, wenn sich der Gutachtenempfänger bewußt wäre, daß er ein Gutachten nicht verstanden hat. Das Gutachten bliebe dann wenigstens folgenlos (allenfalls hätte der Psychologe bald keine Aufträge mehr!). Aber welcher Gutachtenempfänger merkt das oder will es zugeben? Weitaus häufiger dürfte falsche Entschlüsselung des Gutachtentextes und dementsprechend Pseudokommunikation zwischen Gutachter und Empfänger die Folge sein. Und das ist deshalb so bedenklich, weil es gewöhnlich zu Lasten des Probanden geht. Ein Gutachter, dessen Gutachten nicht verstanden werden, arbeitet also nicht (nur) ineffektiv, sondern verantwortungslos.

Wie kommt es eigentlich, daß unsere Gutachten oft falsch verstanden werden? Ich sehe in der Hauptsache zwei Gründe: Der Gutachter weiß entweder selbst nicht genau, was er schreibt, oder er kann das, was er weiß, nicht ausdrücken.

Nietzsche: *Den Stil verbessern – das heißt den Gedanken verbessern, und nichts weiter.*

Wenn jemand einen schlechten Stil, d. h. in unserem Zusammenhang: *unverständlich* schreibt, muß man zunächst den Verdacht haben, daß er das, was er sagen will, selbst nicht verarbeitet und verstanden hat. Dieser Verdacht ist bei unverständlichen Gutachten besonders angebracht. Man gewinnt oft den Eindruck, daß sich Gutachter über die psychologischen Sachverhalte, die sie beschreiben wollen, nicht ausreichend im klaren sind. Selbst von erfahrenen Gutachtern werden Gutachten noch vorzugsweise in einer Sprache geschrieben, die am psychologischen Fachjargon orientiert ist. Die Modellvorstellungen, die einem Test zugrundeliegen, und die im Idealfall auf eine mehr oder minder durchgearbeitete Persönlichkeitstheorie zurückgehen, sind dem Gutachter nicht geläufig oder nicht gegenwärtig. Im Gutachten reproduziert er dann lediglich seine eigene Ratlosigkeit und kaschiert sie mühsam oder auch routiniert durch nichtssagende Standardklischees. Auf diese Weise transponiert er die Mehrdeutigkeit seiner Testbefunde nur in die Mehrdeutigkeit ›gutachtlicher‹ Aussagen. Mit seinen eigenen Fachkollegen steht er in Pseudokommunikation, weil sie an der gleichen Unsicher-

heit leiden und sie auf die gleiche Weise verschleiern, dem Auftraggeber eröffnet er ein weites Feld projektiver Betätigung. In dieser – etwas überscharf gezeichneten – Situation könnte man in Abwandlung eines Zitats von Karl KRAUS feststellen: Es genügt nicht, *keine* diagnostischen Einsichten zu haben, man muß auch *unfähig* sein, sie auszudrücken.
Die Möglichkeiten, aus diesem Dilemma herauszukommen, sind eng verknüpft mit dem, was im vorangehenden Abschnitt teilweise schon gesagt wurde. Modellvorstellungen und Persönlichkeitstheorien, die dem diagnostischen Instrumentarium zugrundeliegen, müssen transparent gemacht werden, und es muß gelingen, andere psychologische Disziplinen (Allgemeine Psychologie, Entwicklungspsychologie, Tiefenpsychologie usw.) stärker in die diagnostische Psychologie zu integrieren.

Nietzsche: *Er hat eine Menge für sich gedacht, und jetzt fehlt ihm die Geschicklichkeit, diese Gedanken zu äußern.*

Wenn man im Rahmen der psychodiagnostischen Ausbildung ein Gutachten kritisiert, bekommt man gewöhnlich zu hören: Sie haben mich falsch verstanden, ich meine ..., ich wollte sagen ..., u. ä. Darauf gibt es nur *eine* Antwort: Wenn Sie *das* sagen wollten, warum haben Sie es dann nicht getan?! Die Fähigkeit, seine Gedanken klar und treffend zu äußern, kann ebenso geübt werden wie die Fertigkeit, Tests zu interpretieren. Es würde im übrigen nicht schaden, zur Verbesserung des Stils beim Gutachtentraining gelegentlich Sachbücher wie REINERS' *Stilkunst* (1964) zur Hand zu nehmen (vgl. dazu Anhang S. 110). Ein guter Sprachstil ist nicht nur eine Sache der Ästhetik, sondern das beste Mittel, seine Leser und Hörer bei der Stange zu halten. Ein guter Stil hat mithin kommunikationssteigernde Funktion.

Gutachten und sprachliche Kommunikation

Der gute und flüssige Stil allein garantiert freilich noch keine wirkungsvolle Kommunikation zwischen Gutachter und Gutachtenempfänger. Welche Voraussetzungen müssen erfüllt sein, damit dieser das Gutachten so versteht, wie es der Gutachter gemeint hat?

Ein Gutachten kann nur dann lückenlos verstanden werden, wenn der Empfänger alle in ihm enthaltenen Begriffe kennt, wenn sich der Wortschatz des Gutachtens mit dem Wortschatz des Empfängers völlig überschneidet.

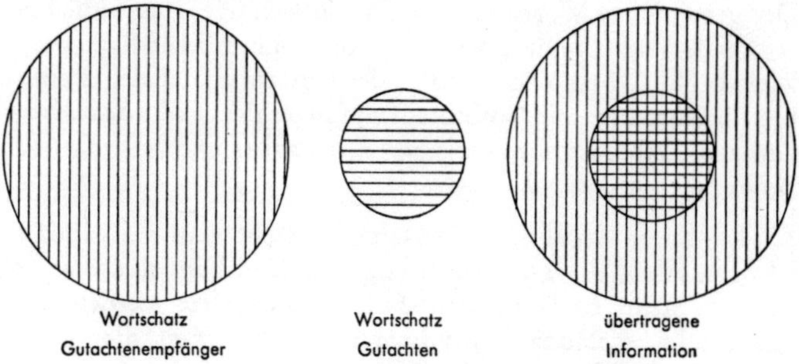

Abb. 2: Schema einer vollständigen Informationsübertragung

Die Wirklichkeit sieht wohl häufig eher so aus:

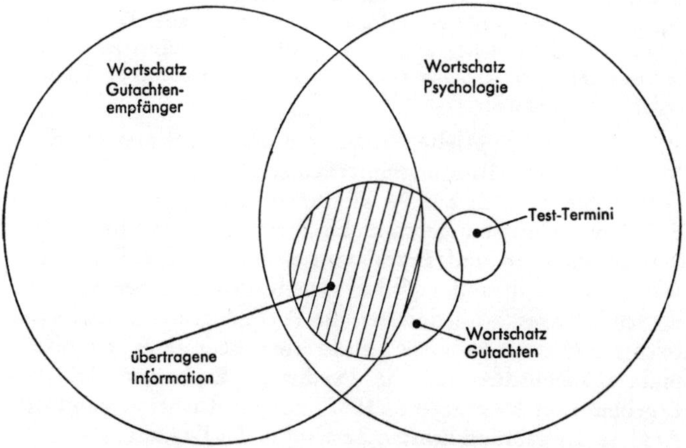

Abb 3: Schema einer unvollständigen Informationsübertragung

Genaugenommen müßte im einzelnen Beratungsfall nachgeprüft werden, welche Begriffe des Gutachtens dem Empfänger nicht bekannt und also erklärungsbedürftig sind. Als Grundlagenforschung müßten gezielte Wortschatzuntersuchungen bei den einzelnen Auftraggeber-Gruppen durchgeführt werden, damit psychologische Begriffe, die Laien in der Regel nicht geläufig sind, allmählich aus dem Gutachtenvokabular ausgeschieden werden können.

Wortbedeutung

Der gemeinsame Wortschatz ist eine notwendige, aber nicht hinreichende Vorbedingung wirkungsvoller sprachlicher Kommunikation. Die Worte und Begriffe des Gutachtens müssen weiterhin für Gutachter und Gutachtenempfänger die gleiche *Bedeutung* besitzen. Dabei ist noch zwischen *denotativer* und *konnotativer* Bedeutung zu unterscheiden.

1. *Denotative Bedeutung.* Darunter versteht man die explizite Identifikation, die Dingbedeutung von Begriffen, das, was im Lexikon steht. Es kann keinesfalls vorausgesetzt werden, daß Laien selbst geläufigen psychologischen Begriffen die gleiche denotative Bedeutung zuschreiben wie Fachpsychologen.

Dafür nur ein Beispiel. In einem psychologischen Eignungsgutachten war die *Vitalität* des Bewerbers in durchaus positivem Sinn betont worden. Der Gutachter erfuhr später vom Auftraggeber, daß dieser Bewerber nicht eingestellt worden war, weil man seiner ›Vitalität‹ im Hinblick auf die weibliche Belegschaft mißtraut hatte. Der Auftraggeber hatte also den sehr allgemeinen Begriff ›Vitalität‹ selektiv interpretiert (im Sinne sexueller Aktivität) und seinen positiven Tenor geradezu ins Gegenteil verkehrt.[34]

Auch hier müßte gezielte Grundlagenforschung einsetzen. Einen Versuch in dieser Richtung unternahmen GRAYSON und TOLMAN (1950). Sie wählten aus 28 klinisch-psychologischen Gutachten die 50 am häufigsten gebrauchten Termini aus und ließen diese von Psychologen und Psychiatern definieren. Die Differenzen waren innerhalb und zwischen den beiden Gruppen recht bedeutend. Insgesamt definierten die Psychologen einerseits wortreicher und weitschweifiger, andererseits abstrakter, technischer und ›akademischer‹ als die Psychiater. Zu einem ähnlichen Ergebnis kam DAVENPORT (1952) aufgrund einer semantischen Analyse der gebräuchlichsten Termini in TAT-Gutachten.
Das Ausmaß der *semantic confusion* (Grayson und Tolman), selbst bei Fachleuten und Angehörigen nahe verwandter Berufe, beweist die Notwendigkeit entsprechender Untersuchungen bei Laien. Die Methode von Grayson und Tolman hat allerdings den Nachteil, daß Begriffe isoliert definiert werden, während sie in der Praxis im Kontext des Gutachtens auftreten. Es müßten

also Methoden entwickelt werden, die eine kontextbezogene semantische Analyse ermöglichen, etwa im Anschluß an die *content analysis* oder die *cloze procedure* (TAYLOR, 1953).[35]

2. *Konnotative Bedeutung.* Darunter versteht man die implizite Identifikation eines Begriffs, das, was ›mitschwingt‹, wenn er genannt wird, Gefühle und Einstellungen, die durch ihn angesprochen werden. Solche Konnotationen im individuellen Fall zu kontrollieren, ist zweifellos sehr schwierig oder überhaupt nur bis zu einem gewissen Grad möglich. Auch hier könnten Untersuchungen an bestimmten Auftraggeber-Gruppen wertvolle Hinweise liefern. Methodische Zugänge bieten wieder Techniken der Inhaltsanalyse, Assoziationsexperimente, Bedeutungsanalysen mit Hilfe des semantischen Differentials oder die Einstufung von Begriffen nach Maßgabe induzierter Einstellungen. Die zuletzt genannte Methode benutzte LEIFERT (1964) bei seiner Untersuchung der sozialen Erwünschtheit von Eigenschaften. Dieser Ansatz könnte noch weiter differenziert werden, indem man die Erwünschtheit von Eigenschaften und Verhaltensweisen im Hinblick auf bestimmte Situationen analysiert.

Kontext

Das Gesamtgutachten gliedert sich (in der Regel) in einzelne Teile, die Teile setzen sich aus Abschnitten zusammen, diese bestehen aus Sätzen und diese schließlich aus Worten. Der äußeren Gliederung entspricht ein inneres Bedeutungsgefüge. Jedes Wort wird in seiner Bedeutung durch die Bedeutung der anderen Wörter, mit denen es zu einem Satz verbunden ist, mitbestimmt (jeder Satz durch die anderen Sätze seines Abschnitts usw.). Die kleinere ›Aussage-Einheit‹ wird also jeweils auf die größere bezogen (bei besonders gravierenden Einzelaussagen ist es manchmal auch gerade umgekehrt). Der Leser unterwirft sich allerdings nicht nur diesen vorgegebenen Bezugssystemen, sondern stellt Texte in eigene Bezugssysteme hinein. Jedes dieser Bezugssysteme wird als *Kontext* bezeichnet.
KRECH, CRUTCHFIELD und BALLACHEY (1962, S. 283 f.) unterscheiden folgende Kontextformen:

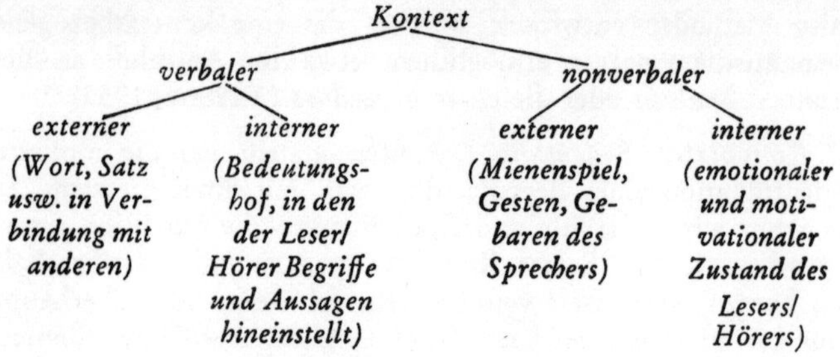

Abb. 4: Kontextformen

Im folgenden sei die Problematik des *Lesens im Kontext* am Beispiel der Lektüre psychologischer Gutachten angedeutet.

1. *Externer verbaler Kontext.* Jedes Gutachten enthält zahlreiche Einzelaussagen über den Probanden. Teilweise werden solche Aussagen vom Gutachter bewußt in einen externen verbalen Kontext hineingestellt, nämlich dann, wenn Aussagen durch andere spezifiziert, modifiziert und eingeschränkt werden. Daneben gibt es andere Aussagen, die der Gutachter in ihrer Bedeutsamkeit für den Probanden durchaus als gleichwertig und/oder als unabhängig voneinander betrachtet.
Aber die zentrierende, akzentuierende und selegierende Wirkung des Kontextes ist viel stärker und allgemeiner. Die meisten Gutachtenempfänger sind wahrscheinlich unfähig, differenzierte und differenzierende Aussagen in ihrer selbständigen Bedeutung aufzufassen, ›stehen zu lassen‹ und zu einem – sei es auch (scheinbar) widersprüchlichen – Gesamtbild zusammenzutragen. Die Rezeption psychologischer Gutachten scheint sich eher so zu vollziehen, daß durch bestimmte Eigenschaftsbezeichnungen (›characteristics‹) rudimentäre, vulgärpsychologische ›Persönlichkeitsbilder‹ im Leser wachgerufen werden, die – vermöge der durch die ›Social-Perception‹-Forschung[36] bekannten Wirkungsmechanismen – auf das Gutachten ausstrahlen: Was in diese stark vereinfachten Bilder hineinpaßt, wird ›aufgelesen‹ und überbetont, was ihnen (scheinbar) widerspricht, wird ›überlesen‹ oder umgedeutet.

Experimentelle Belege für diese Behauptungen sind längst erbracht. Bereits im Jahre 1943 begann Asch eine größere Untersuchungsreihe, deren Ergebnisse 1946 publiziert, später von anderen Autoren (zuletzt von Wishner, 1960) überprüft und im wesentlichen bestätigt wurden. Von Asch's zahlreichen Experimenten können hier nur einige wenige angedeutet werden. So präsentierte er zwei Gruppen (A und B) von Versuchspersonen identische Listen von Charaktereigenschaften (intelligent – gewandt – fleißig – entschlossen – praktisch – vorsichtig), die sich nur in einer zusätzlichen Eigenschaftsbezeichnung unterschieden: Liste A enthielt die Eigenschaft *warm*, Liste B *kalt*. Die Versuchspersonen hatten die Aufgabe, sich aufgrund dieser Information eine Person vorzustellen, diese in einem ›Kurzgutachten‹ zu schildern und anhand einer ›checklist‹ gegensätzlicher Eigenschaftspaare einzustufen. Es zeigte sich, daß die Versuchspersonen der Gruppe A, die die Zusatzinformation *warm* erhalten hatten, ein deutlich positiveres Bild von der fiktiven Persönlichkeit gewannen als die Versuchspersonen der Gruppe B (Zusatzinformation:*kalt*). In einem analogen Experiment ergab sich, daß der Unterschied zwischen den durchschnittlichen ›Persönlichkeitsbildern‹ sehr viel geringer war, wenn man der einen Gruppe als Zusatzinformation die Eigenschaftsbezeichnung *höflich (polite)*, der anderen *grob (blunt)* agb. Aufgrund dieser und einer Reihe anderer Experimente kam Asch zu der Unterscheidung von *zentralen* und *peripheren* Eigenschaftsbezeichnungen. Zentrale Eigenschaftsbezeichnungen (wie warm – kalt) sind von großer, periphere (wie höflich – grob) von geringer Bedeutung für das Zustandekommen eines Persönlichkeitsbildes und für das Gesamturteil über eine Person. (Hier muß natürlich mit unterschiedlichen Gruppen- und kulturellen Normen gerechnet werden.)

Neben der Bedeutung zentraler Eigenschaftsbezeichnungen für die charakterologische Eindrucksbildung fand Asch eine zweite Einflußgröße, die er *factor of directon* nannte. Im Experiment führte eine Sequenz von Charaktereigenschaften abnehmender sozialer Erwünschtheit (intelligent – fleißig – impulsiv – kritisch – eigensinnig – neidisch) zu völlig anderen ›Persönlichkeitsbildern‹ als bei inverser Reihenfolge (neidisch – eigensinnig – kritisch – impulsiv – fleißig – intelligent): Im ersten Fall entstand ein positiver, im zweiten Fall ein negativer Gesamteindruck. Offenbar spielt der Stellenwert (Anfang – Ende) sozial erwünschter bzw. unerwünschter Eigenschaften bei der Eindrucksbildung eine entscheidende Rolle. Einen entsprechenden *primacy effect* fanden später Anderson und Barrios (1961). Im übrigen handelt es sich hier um das gleiche Problem, das in der Forschung zur Meinungs- und Einstellungsänderung als *order of presentation in persuasion* (Hovland et al., 1966) bezeichnet wird.[37]

Die Generalisierbarkeit der Asch'schen Thesen ist – besonders im Hinblick auf das soziale Perzipieren konkreter Personen – von LUCHINS (1948) und von KAMINSKI (1959, S. 140 f.) bestritten worden. Kaminski räumt immerhin ein, Asch habe die ›Psychologie des Gutachten-Lesens‹ erforscht, und darum geht es im vorliegenden Zusammenhang. Für den Aufbau psychologischer Gutachten geben die Befunde von Asch und Nachfolgern jedenfalls wichtige Fingerzeige.

2. *Interner verbaler Kontext.* Die Bedeutung eines Begriffs wird durch den Kontext, in dem er steht, (mit)bestimmt; die Bedeutungserfassung ist also kontextabhängig. Theoretisch entspricht die Anzahl der Bedeutungen (oder zumindest der Nuancen) eines Begriffs der Anzahl der Kontexte, in denen er erscheinen kann. Fehlt ein Kontext, wie bei isolierten Begriffen, so entschlüsselt der Leser deren Bedeutung, indem er sie spontan in einen – internen verbalen – Kontext hineinstellt.
In psychologischen Gutachten erscheinen Begriffe und komplexere Aussagen in einem externen verbalen Kontext. Trotzdem hat der Gutachtenempfänger die Möglichkeit, einzelne Aussagen oder auch das ganze Gutachten in einen spezifischen, subjektiven und das heißt: *internen* verbalen Kontext zu stellen und damit aus dem Gutachten etwas ›herauszulesen‹, was der Gutachter nicht ›hineingelegt‹ hatte. Diese Gefahr scheint mir besonders dann gegeben zu sein, wenn der Leser den externen Kontext nicht versteht und versucht, sich auf das Gesagte ›einen Reim zu machen‹ oder gar ›zwischen den Zeilen zu lesen‹.
Es sei eingeräumt, daß der Begriff des ›internen verbalen Kontexts‹ hier vielleicht etwas überdehnt wurde. Es sollte auch nicht behauptet werden, daß im vorliegenden Rahmenbeispiel der interne ganz an die Stelle des externen Kontextes trete. Der externe Kontext – auch der unzureichend verstandene – bleibt wahrscheinlich weiterhin bedeutsam, nur kann er von einem internen verbalen Kontext überlagert werden.

3. *Externer nonverbaler Kontext.* Dieser Kontext wird durch Minenspiel, Sprechweise, Gesten und anderen Verhaltensweisen des Sprechers beim Hörer hergestellt, ist also in unserem Zusammenhang für den Fall bedeutsam, daß eine gutachterliche Stellungnahme mündlich vorgetragen oder erläutert wird.
Zweifellos wird der Auftraggeber im Beratungsgespräch versuchen, unter Beachtung externer nonverbaler Faktoren des sozialen Feldes zusätzliche Informationen für das Verständnis des vorgetragenen Gutachtens zu gewinnen. So kann er etwa –

zu Recht oder zu Unrecht – versucht sein, dem Minenspiel des Psychologen, bestimmten Betonungen, Gesten usw. Hinweise zu entnehmen, wie denn eine Aussage ›eigentlich‹ aufzufassen und wie ernst sie zu nehmen sei. Im übrigen ist es auch denkbar, daß der externe nonverbale Kontext weniger das Verständnis des Gesagten beeinflußt, sondern eher die Beurteilung der *Glaubwürdigkeit* des Gutachters und seiner Aussagen. Dieser Aspekt wird später ausführlicher behandelt.

4. *Interner nonverbaler Kontext.* Kein Auftraggeber liest ein Gutachten *vorurteilslos.* Als er es in Auftrag gab, stand er unter dem Einfluß von Einstellungen (zur Psychologie, zum Psychologen, zum Probanden bzw. zu sich selbst, zum Auftrag usw.), Bedürfnissen, Interessen, Motiven und Erwartungshaltungen. Nun, da er das Gutachten in Händen hält, wird diese affektive Dynamik neu aktualisiert. Nun überprüft er, ob seine Einstellungen bestätigt, seine Bedürfnisse befriedigt, seine Hoffnungen erfüllt und seine Befürchtungen zerstreut wurden – oder nicht. »Jeder Erziehungsberater«, schreibt HOLZKAMP, »hat vermutlich die Erfahrung gemacht, daß nicht wenige Eltern nur deswegen zur Beratungsstelle kommen, um sich das Bild, das sie von ihrem Kinde haben, durch den beratenden Psychologen bestätigen zu lassen« (1966, S. 38). Dieses Motiv wird bisweilen ganz unverblümt geäußert. So wollte mir unlängst ein Vater telefonisch den Auftrag erteilen, die Untauglichkeit seines Sohnes zum Studium zu ›bestätigen‹.

Daß der interne nonverbale Kontext sogar bei relativ geringer Ich-Beteiligung die Urteilsbildung beeinflussen kann, hat MITSOS (1959) durch folgendes Experiment wahrscheinlich gemacht. Er ließ an einer psychiatrischen Klinik die Gruppe der Ärzte und Psychologen sowie die Gruppe der Pfleger 30 psychopathologische Symptome und Verhaltensweisen nach ihrer prognostischen Bedeutung (günstig – ungünstig) einstufen. Der Untersuchung lagen drei Hypothesen zugrunde:

– Innerhalb der beiden Gruppen und zwischen ihnen bestehen signifikante Übereinstimmungen.
– Der Grad der Übereinstimmungen steigt mit der Dauer des Kontakts zwischen Angehörigen der beiden Gruppen an.
– In Fällen geringer Übereinstimmung, stufen die Pfleger solche Begriffe, die für sie einen hohen persönlichen ›Lästigkeits-Wert‹ haben, als prognostisch ungünstiger ein als die Ärzte und Psychologen.

Von den Hypothesen, die alle drei bestätigt werden konnten,

interessiert hier am meisten die dritte. Die Pfleger bewerteten solche Symptome, die für sie selbst im Umgang mit Patienten lästig oder bedrohlich sind (z. B. Selbstmordversuch, Widerspenstigkeit, Fluchtversuch) prognostisch signifikant ungünstiger als die Ärzte und Psychologen, während sie weniger ›lästige‹ Symptome (z. B. Mutismus[38], Apathie, Ungeselligkeit) überwiegend prognostisch günstiger beurteilen als die Fachleute.

Die Untersuchung von Mitsos hat einige Schwächen (so ist möglicherweise nicht nur die unterschiedliche *Einstellung* von Pflegern und Ärzten und Psychologen, sondern auch das unterschiedliche *Fachwissen* für die Einstufungsdifferenzen verantwortlich, was Mitsos selbst gesehen hat), ist aber im Ansatz ganz interessant, zumal es kaum andere einschlägige Untersuchungen gibt. Im übrigen ließe sie sich leicht auf andere prognostische und diagnostische Modellsituationen übertragen. So könnte man kindliche Verhaltensweisen oder Eigenschaften von Bewerbern von Psychologen und den entsprechenden Auftraggebern hinsichtlich ihrer Erwünschtheit oder prognostischen Qualität einstufen lassen. Solche Untersuchungen würden sicher einiges Licht auf allgemeine Einstellungs- und Erwartungsnormen werfen, mit denen der diagnostisch arbeitende Psychologe bei seinen Auftraggebern zu rechnen hat.

Ein anderes Experiment, das in diesem Zusammenhang von Interesse ist, stammt von Sodhi (1957). Er ließ Studenten »zu dem Thema schriftlich Stellung nehmen, ob es wünschenswert sei, daß die Deutschen die Lebens- und Anschauungsweise der Nordamerikaner übernehmen« (S. 173). Nach der Niederschrift wurden die Versuchsteilnehmer gebeten, anhand einer 11stufigen Skala anzugeben, welchen Grad der Zustimmung oder Ablehnung sie in ihrem Aufsatz ausdrücken wollten. Weiterhin hatte jeder Teilnehmer auch die Stellungnahme der anderen Teilnehmer auf der gleichen Skala einzustufen. Aufgrund einer differenzierten Auswertung seiner Befunde konnte Sodhi einige bedeutsame Zusammenhänge zwischen persönlicher Einstellung und der Fremdbewertung von Texten zum Einstellungsgegenstand aufzeigen. Auch diese Untersuchung ist in ihrer Methodik und in ihren Konsequenzen ohne weiteres auf das »Gutachtenproblem« zu übertragen.

Wahrscheinlich werden die vielfältigen Kontextprobleme von den psychologischen Gutachtern am meisten vernachlässigt, wenn überhaupt je daran gedacht wird. Dabei müßten gerade diese Effekte ständig kontrolliert werden. Es fragt sich, ob der diagnostisch arbeitende Psychologe sein Selbstverständnis nicht dahin entwickeln sollte, daß er dem Auftraggeber seine – hoffentlich auf verantwortungsbewußte Weise zustandegekommene – Meinung nicht nur mitteilt, sondern dieser Meinung beim Auftraggeber auch *zum Durchbruch verhilft*. Selbstverständlich gibt es Fälle, in denen die letzte Entscheidung beim Auftraggeber selbst liegen muß. Andererseits ist es nicht einzusehen, weshalb wir als Psychologen Gutachten erstellen sollten, die nur deshalb einen anderen als den wünschenswerten Effekt haben, weil sie vom Auftraggeber nicht richtig verstanden werden (können).

Im einzelnen wäre vom Gutachter zu fordern:

1. Durchsicht des fertigen Gutachtens nach extern-verbalen *Störkontexten* und spezifischen Aussage-Sequenzen mit möglicher *Bahnungswirkung* (kritische Stellen auch: Einleitung und Schluß des Gutachtens).
2. Analyse von Persönlichkeit, Erwartungshaltungen, Einstellungen, Motiven, Werthaltungen, speziellen Zielen des Auftraggebers. Womöglich Erkundung seiner bevorzugten intern-verbalen Kontexte (›Lieblingsvorstellungen‹).
3. Versuch, Eindrucks- und Urteilsbildung des Auftraggebers ›vorherzusehen‹, Effekt des Gutachtens voraus zu berechnen. Gegebenenfalls Akzente anders setzen.
4. Kontrolle des externen nonverbalen Kontexts (Präsentation des Gutachtens, persönliches Verhalten des Psychologen, Situation).
5. Kontrolle der Wirkung von Gutachten auf den Auftraggeber; regelrechte *»Katamnese«* von Gutachten (welche Konsequenzen zog der Auftraggeber aus dem Gutachten und aus der Beratung? Welche Gründe bewogen ihn dazu?).[39]

›Glaubwürdigkeit‹ und ›Wirkung‹ von Gutachten

Gutachten mögen vom Auftraggeber verstanden oder mißverstanden werden – werden sie denn für ›glaubwürdig‹ befunden, und tun sie die gewünschte (und wünschenswerte) Wirkung? Das möchte man doch zumindest bei Gutachten ›kompetenter‹ Gutachter (was immer man darunter verstehen will) hoffen, wenn die psychologische Diagnostik nicht ins Blaue hinein betrieben, sondern wirkliche Entscheidungshilfe bieten soll.

Wie leicht es ist, ein psychologisches Gutachten so abzufassen, daß es der Proband nicht nur ›schluckt‹, sondern sogar genießt, haben erstmals Krüger und Zietz (1933) bewiesen. Ihr Rezept sah so aus: Man reihe möglichst verschwommene Aussagen aneinander, mische unter viele ›positive‹, sozial erwünschte Charakterisierungen einige wenige läßliche Kavaliersfehler, schränke im Nebensatz ein, was man im Hauptsatz gesagt hat, und vermeide, die Ausprägungsgrade der geschilderten Eigenschaften mitzuteilen.

Ein solches Gutachten legten Krüger und Zietz 39 Volkshochschulhörern mit der Behauptung vor, es handle sich um ein Individualgutachten aufgrund einer graphologischen Beurteilung der jeweiligen Person. Das willkürliche Einheitsgutachten wurde von allen Versuchspersonen (allerdings unter Zeitdruck) akzeptiert und von den meisten sogar als völlig zutreffend bezeichnet. Ein zweiter Versuch mit 11 Personen und längerer Besinnungszeit führte zu einem entsprechenden Ergebnis.

Im Anschluß an Krüger und Zietz führte Bauer (1950) eine ähnliche Untersuchung durch, die dem Kritikvermögen der Begutachteten einen größeren Spielraum lassen sollte.

»Jedenfalls war dabei die Heranziehung einer größeren Zahl von Versuchspersonen wünschenswert, sowie die Anwendung eines Verfahrens, das eine mehr ins einzelne gehende Auswertung der Ergebnisse zuläßt. Ferner sollte das Verfahren anonym sein, um den Vpn zu ganz freimütigen Äußerungen Gelegenheit zu geben, eine längere Bedenkzeit sollte gewährt werden und schließlich schien die Frage einer Prüfung wert, ob die Zustimmungen auch dann zustande kommen, wenn die Ausprägungsgrade der Eigenschaften eindeutig angegeben werden, die Verschwommenheit des Gutachtens also in dieser Richtung aufgehoben ist.« (S. 61 f.)

In einem Vorversuch mit 128 Studenten ermittelte Bauer zunächst den Erwünschtheitsgrad von 21 sogenannten ›Charaktereigenschaften‹ und die Grundeinstellung seiner Probanden bei der charakterologischen Selbstbeurteilung, die er so beschreibt: »Man wähnt sich mit menschlichen Mängeln in mittlerem Grade behaftet, schreibt sich aber eine Reihe positiver Eigenschaften in überdurchschnittlichem Grad zu.« (S. 63)

Im Hauptversuch legte Bauer 97 männlichen und 48 weiblichen Beamten unterschiedlicher Schulbildung und Berufsstellung ein angeblich aufgrund einer graphologischen Analyse erstelltes *Profilgutachten* vor, das Stärkegrade von 24 Charaktereigenschaften enthielt. Dieses Einheitsgutachten war recht schmeichelhaft im Sinne der allgemeinen – im Vorversuch eruierten – Erwartungshaltungen abgefaßt. Bauer forderte seine Versuchspersonen auf, »sowohl die angegebenen Stärkegrade der Eigenschaften zu prüfen und gegebenenfalls richtigzustellen, wie auch ein Gesamturteil über das Gutachten abzugeben« (S. 64). Von insgesamt 3480 Gradangaben wurden nur 357 (~ 10 %) korrigiert. Rund 70 % der Versuchspersonen gaben zum Gesamtgutachten ihre volle Zustimmung, 25 % »machten gewisse, oft aber ganz geringfügige Einschränkungen«, und nur 5 % lehnten die Profilgutachten als unzutreffend ab. Personen mit höherer Schulbildung standen solchen mit geringerer in ihrer Kritiklosigkeit nicht nach (Gutachtenprofile im Anhang, S. 120).

In einem weiteren Versuch bezeichneten von 11 Probanden 9 ein ausformuliertes Scheingutachten nach Art des von Krüger und Zietz benutzen (siehe Anhang, S. 119) als ›voll zutreffend‹, eine Probandin hielt es für ›zutreffend‹, und nur eine äußerte sich eher ablehnend.

Eine ähnlich angelegte Versuchsreihe wurde von Donceel und Mitarbeitern (1949) durchgeführt. In einem ersten Versuch erhielten 34 Probanden einen angeblich aufgrund einer graphologischen Analyse ihrer eigenen Handschrift, in Wirklichkeit aber zufällig ausgefüllten Persönlichkeitsfragebogen (Bernreuter Personality Inventory) mit der Aufforderung, die Richtigkeit jeder Aussage zu überprüfen. Von den 125 Fragen des Inventory's wurden im Mittel 78 als richtig beantwortet erklärt (Zufallserwartung: 62,5 Fragen = 50 %).

Der Suggestionseffekt ließ sich beträchtlich steigern, wenn das BPI angeblich aufgrund einer Analyse von Rorschach- und TAT-Daten ausgefüllt wurde. In einem solchen Versuch stimmten 50 Probanden zwischen 83 und allen 125 Aussagen zu (M = 111,6). Selbst als die Täuschung aufgedeckt wurde, beurteilten die Versuchspersonen durchschnittlich noch 87 Einstufungen als zutreffend.

In einem dritten Versuch gelang es den Autoren, eine Gruppe von Versuchspersonen zur Korrektur von Selbstbeurteilungen zu bewegen. 49 Probanden füllten ein BPI aus und nahmen anschließend an einem Gruppen-Rorschach-Test teil. Nach vier Wochen wurden sie auf (angebliche) Widersprüche zwischen Rorschachtest-Ergebnissen und den Selbsteinstufungen im BPI hingewiesen und aufgefordert, eine Reihe von Fragen des BPI noch einmal kritisch zu prüfen und die Antworten gegebenenfalls zu revidieren. Durchschnittlich 60 % der Antworten auf die betreffenden Fragen wurden geändert.

Die Befunde von KRÜGER und ZIETZ, BAUER, DONCEEL und Mitarbeitern u. a. zeigen nachdrücklich, daß die Bereitschaft eines Probanden, sein eigenes Charaktergutachten zu akzeptieren, als Erfolgskriterium ebenso unzuverlässig ist wie die Zufriedenheit des Gutachters mit seiner schriftlich fixierten diagnostischen Leistung. Daß im übrigen nicht nur psychologische Laien, sondern auch Fachleute auf willkürliche Zufallsgutachten hereinfallen, sei abschließend an einer Untersuchung von KADUSHIN (1963) gezeigt. Dieser wählte aus der Literatur drei Fallstudien aus (fünfjähriger Junge, fünfzehnjähriges Mädchen, Frau Ende 30), fügte ihnen das gleiche Scheingutachten bei (siehe Anhang, S. 121), das ohne Kenntnis der Fälle verfaßt worden war, und präsentierte jeweils 20 ›Supervisors‹ (Ausbildungsleitern) aus verschiedenen Institutionen einen der drei Fälle. Die Kollegen sollten das – angeblich von einem Studenten stammende – Gutachten anhand der ihnen bekannten Daten nach seiner Qualität einstufen. Im Mittel bescheinigten die Beurteiler dem fiktiven Studenten jeweils eine überdurchschnittliche diagnostische Leistung. Das Zufallsgutachten, das doch *tatsächlich* keinem der drei Fälle gerecht werden konnte, war in den Augen der Beurteiler offenbar für alle drei ›richtig‹.

Psychologische Gutachten und das Problem der ›Meinungsänderung‹

Bei den referierten Versuchen (mit Ausnahme des letzten) hatte ein Gutachtenempfänger die Beschreibung seiner eigenen Persönlichkeit zu beurteilen, die teilweise (KRÜGER und ZIETZ, BAUER) äußerst schmeichelhaft gehalten war. Was aber geschieht, wenn ein Gutachten weniger schmeichelhaft ausfällt, wenn es der Selbstwahrnehmung oder den Wünschen des Auftraggebers widerspricht, wenn es nicht nur konstatiert, sondern auch Empfehlungen gibt, wenn es eine dritte Person betrifft, zu der der Auftraggeber eine größere Distanz haben mag als zu sich selbst?

Jeder Psychodiagnostiker weiß, daß ihm seine Gutachten keineswegs immer widerspruchslos abgenommen werden, sondern daß Auftraggeber gelegentlich vereinzelte oder auch massive Zweifel in die Glaubwürdigkeit von Gutachten und damit des Gutachters selbst setzen. Will der Diagnostiker in solchen Fällen seinem Gutachten Geltung und Wirkung verschaffen, so muß er beim Auftraggeber eine Meinungs- oder gar eine Einstellungsänderung bewirken. Häufiger noch ist der Fall, daß ein Gutachter gegen vorgefaßte Meinungen und Denkschablonen des Auftraggebers argumentieren muß.

Die Psychodiagnostiker haben diesem Problem bisher wenig Aufmerksamkeit entgegengebracht. Dabei liegt nichts näher, als experimentelle Versuchsanordnungen, Ergebnisse und Schlußfolgerungen der Kommunikations- und Einstellungsforschung auf das spezielle Feld der psychologischen Diagnostik zu übertragen. Von besonderem Interesse sind hier die Arbeiten der Forschergruppe um CARL I. HOVLAND an der Yale-University (1961[4], 1966[3]), auf die bereits an anderer Stelle (S. 81) im Zusammenhang mit dem *factor of direction* und dem *primacy effect* verwiesen wurde.

Im folgenden sollen die wichtigsten Aspekte der ›Glaubwürdigkeit‹ psychologischer Gutachten und Gutachter aus den allgemeineren Befunden Hovland's und seiner Mitarbeiter (1961[4], Kapitel 2: *Credibility of the communicator)* deduziert werden. Die Ausführungen bleiben natürlich bloße – wenn auch begründete – Hypothesen, die der experimentellen Verifikation im Bereich der Psychodiagnostik bedürfen.

Die Effektivität eines Gutachters und seines Gutachtens ist unter anderem durch Einstellungen des Auftraggebers zum Gutachter bedingt, und zwar

– durch *positive gefühlsmäßige* Einstellungen wie Zuneigung und Bewunderung (← Identifikation);
– durch *negative gefühlsmäßige* Einstellungen wie Furcht und Angst vor dem Gutachter angesichts seiner ›Macht‹, Erwartungen zu erfüllen oder zu enttäuschen;
– durch *kognitiv* akzentuierte Einstellungen wie Zuversicht und Vertrauen angesichts von Wissen, Intelligenz und Aufrichtigkeit (← Glaubwürdigkeit) des Gutachters;
– durch Einstellungen zum Psychologen überhaupt (wie auch zur Psychologie, zur Testsituation usw.).

Nach Auffassung von Hovland und Mitarbeitern werden diese und andere Einstellungen, die den Einfluß eines Informators (hier: eines Gutachters) bedingen, in einer Vielzahl von *Einfluß-Situationen* gelernt. Jedes Individuum erwirbt Erwartungen über die Vertrauenswürdigkeit verschiedener Informationsquellen und lernt, daß es sich lohnt, die Ratschläge gewisser Personen zu befolgen, die anderer weniger oder überhaupt nicht. Als Ergebnis dieses Lernprozesses entsteht ein Einstellungskomplex gegenüber verschiedenen Personen in ihrer Funktion als Informations- und Einflußträger, der auf andere Personen, Gruppen und Institutionen übertragen und so generalisiert wird. Die Entstehungsbedingungen dieser Einstellungen sind nicht nur sehr variabel, sondern wahrscheinlich auch zeit- und kulturspezifisch.

Nach Hovland und Mitarbeitern ist das Ausmaß, in dem eine Information (also etwa auch eine gutachtliche Aussage) ›geglaubt‹ wird, eine Funktion von (mindestens) zwei Faktoren:

1. der dem Informanten zugebilligten *expertness* (*kann* er richtig informieren?);
2. der ihm zugebilligten *trustworthiness* (*will* er richtig informieren?).

Expertenstatus und Vertrauenswürdigkeit zusammen ergeben die Glaubwürdigkeit *(credibility)* eines Informanten (Gutachters). Die Einschätzung der expertness hängt u. a. von folgenden Merkmalen ab:

– vom *Alter* des Informanten (Hinweis auf seine Erfahrung);
– von seinem *sozialen Status* und seiner *Position* (Indikator für die Fähigkeit, soziale Ereignisse und Reaktionen zu beurteilen und vorauszusagen);
– von seiner *Ähnlichkeit* mit dem Informationsempfänger (hinsichtlich Interessen, Bedürfnissen, Werthaltungen, sozialem Status usw.).

Für den grundwissenschaftlich interessierten Psychodiagnostiker ergibt sich hier eine Fülle von experimentell überprüfbaren Fragestellungen. Wie wirkt sich das Alter eines Gutachters auf die Glaubwürdigkeit seiner Gutachten in verschiedenen Auftragssituationen und bei verschiedenen Auftraggebern und Auftraggebergruppen aus? Welchen Einfluß haben unterschiedliche Statuspositionen des Gutachters (›Praktiker‹ vs. akademische oder nichtakademische Institution; Berufsbezeichnung, akademischer Grad oder Titel)? Welche Rolle spielt die größere oder geringere Ähnlichkeit zwischen Gutachter und Auftraggeber? (Ist beispielsweise ein sehr ›intellektuell‹ wirkender junger Mann in der Erziehungsberatungssituation der richtige Partner für eine einfache ältere Frau?) Hovland und Mitarbeiter nehmen weiter an, daß die *Vertrauenswürdigkeit* (›trustworthiness‹) eines Informanten davon abhängt,

– ob bei ihm eine deutliche *Intention*, den Informationsempfänger zu überzeugen oder zu überreden, vermutet oder erkannt wird (Manipulation statt Information);
– ob er in Abhängigkeit vermutet wird (›muß bestimmte Meinungen vertreten‹);

– ob ihm der Informationsempfänger *rein gefühlsmäßig* Aufrichtigkeit und Selbstlosigkeit zubilligt (›meint wirklich, was er sagt‹).

Betrachten wir diese Faktoren kurz im Hinblick auf die Situation des Psychodiagnostikers. Kann er in den Verdacht geraten, manipulieren, statt informieren zu wollen? Sicherlich hat ein Gutachter – äußerlich gesehen – nur selten etwas ›davon‹, ob ein Auftraggeber seinem Rat folgt oder nicht. Andererseits sind Motivationen beim Gutachter denkbar, die ihn durchaus zum Propagandisten seines eigenen Gutachtens machen können. Eitelkeit und kompensierte Unsicherheit könnten ihn motivieren, den Auftraggeber unter allen Umständen von der eigenen Auffassung zu überzeugen. Kritisch wird es möglicherweise auch dann, wenn der Psychodiagnostiker sein Gutachten in einer *Konkurrenz-Situation* erstattet (z. B. als Mitglied eines Teams von Psychologen und Ärzten in einer Klinik oder als ›Obergutachter‹, wenn bereits ein oder mehrere Gutachten zu demselben Fall vorliegen). Besonders groß ist die Versuchung für den *forensisch*-psychologischen Gutachter (Beurteilung der Glaubwürdigkeit jugendlicher Zeugen, der strafrechtlichen Verantwortlichkeit, der Täterpersönlichkeit u. a.), sich als Anwalt, Detektiv, Staatsanwalt oder Richter zu fühlen und zu *plädieren* anstatt zu informieren. Auf diese Weise kann er leicht befangen und damit unglaubwürdig wirken.[40] (Vgl. zu dieser Problematik: Appelbaum und Siegal, 1965. Dort finden sich Hinweise auf mögliche weitere unbewußte Motivationen des Psychodiagnostikers).

Es ist bekannt, daß *beiläufige*, scheinbar unbeabsichtigte Bemerkungen und Gespräche eine Meinungs- und Einstellungsänderung oft eher bewirken als massiv eingesetzte ›Propaganda‹. Die Beiläufigkeit verdankt ihre größere Effektivität zum Teil wohl dem Umstand, daß der Kommunikant seine Befürchtungen und Abwehrmechanismen weniger aktiviert als in Situationen, in denen er genau spürt, daß er beeinflußt werden soll.

Zum anderen: Kann ein Psychodiagnostiker in den Verdacht geraten, in seiner Funktion als Gutachter von einer dritten Person *abhängig* zu sein und eine andere Meinung vertreten zu müssen als die eigene? Sicherlich ist diese Gefahr geringer als etwa für den offiziellen Sprecher einer politischen, ökonomischen oder weltanschaulichen Interessengruppe. Immerhin scheint sie mir zumindest in solchen Situationen gegeben zu sein, in denen ein dynamisches Dreiecks-Verhältnis zwischen mehreren Beteiligten besteht.

Der nahezu erwachsene Sohn mag annehmen, der Berufsberater argumentiere ›im Interesse‹ seiner Eltern. Eltern mögen befürchten, ein Schulpsychologe stelle die Belange der Schule über die ihres Kindes. Ein Mann mag argwöhnen, der Eheberater oder Partnerschaftsgutachter habe sich mit seiner Partnerin gegen ihn verbündet. Ein Strafgefangener mag unterstellen, der Gefängnispsychologe berate ihn ›nach Maßgabe‹ der Anstaltsleitung.

Zu diesen spezifischen, die Vertrauenswürdigkeit (›trustworthiness‹) eines Gutachters bedingenden Faktoren tritt schließlich die ›rein gefühlsmäßige‹ Überzeugung des Gutachtenempfängers von dessen Aufrichtigkeit oder Unaufrichtigkeit. Gegen solche subjektiven Überzeugungen kann man sich nur schwer schützen, da sie ihre Wurzeln einerseits tief in der individuellen Lerngeschichte des Kommunikanten, andererseits in willkürlichen und äußerlichen Anhaltspunkten (Aussehen, Verhalten des Kommunikators usw.) haben dürften. Denkbar wäre natürlich auch, daß solche ›rein gefühlsmäßigen‹ Überzeugungen die Resultante aus ganz spezifischen – aber nicht voll bewußt gewordenen – Faktoren wie den oben genannten sind.
Entsprechend der Diskussion bei Hovland und Mitarbeitern ergeben sich nun zwei Fragen:

1. Bedingen unterschiedliche ›expertness‹ und ›trustworthiness‹, unterschiedliche Glaubwürdigkeit von Gutachtern die *Bewertung* ihrer Gutachten durch den Gutachtenempfänger?
2. Bedingt unterschiedliche Glaubwürdigkeit das *Ausmaß der Meinungsänderung* beim Gutachtenempfänger und/oder seine Bereitschaft, im Sinne des Gutachtens zu handeln?

Beide Fragen müssen wohl bejaht werden; die Wirkungszusammenhänge sind allerdings sehr komplex. So kann (1) zutreffen, ohne notwendigerweise (2) nach sich zu ziehen, etwa dann, wenn der *Inhalt* des Gutachtens für den Empfänger wichtiger ist als die ›expertness‹ und ›trustworthiness‹ des Gutachters. Generell ist zwar der glaubwürdige Gutachter (zunächst) effektiver als der unglaubwürdige; gleichwohl erzielt auch der weniger glaubwürdige eine gewisse Meinungsänderung und Verhaltensbereitschaft im Sinne des Gutachtens. Nach den Forschungsergebnissen der Yale-Gruppe erfolgt zudem im Laufe der Zeit eine Dissoziation von Information und der Person des Informators, d. h. auf unser Problem übertragen: eine Dissoziation von Gutachteninhalt und Gutachter. Der positive Einfluß der Glaubwürdigkeit bzw. der negative der mangelnden Glaubwürdigkeit wird geringer, und die *Argumentation* tritt in den Vordergrund. Die ursprünglich unterschiedliche Effektivität größerer oder geringerer Glaubwürdigkeit hinsichtlich von Meinungs- und Einstellungsänderung und Verhaltensbereitschaft beim Gutachtenempfänger gleicht sich aus. Geht es allerdings um rasche Entscheidungen, die eine kurzfristige Meinungsänderung und spontanes Handeln erfordern, so dürfte der glaubwürdigere Gutachter auch der effektivere sein.

Wohlgemerkt: Diese Überlegungen und Ausführungen wurden aus allgemeineren Forschungsergebnissen abgeleitet und bedürfen für den Bereich der Psychodiagnostik des experimentellen Nachweises. Immerhin wird der psychodiagnostisch arbeitende Psychologe gut daran tun, manche Befunde der Einstellungsforschung gelegentlich zu berücksichtigen.

Offen bleibt einstweilen die *ethische* Implikation des Problems, die durch die Stichworte *Meinungsbeeinflussung* und *Meinungsänderung* gegeben ist. Die positive oder negative Bewertung aller Art von Meinungsbeeinflussung hängt zum guten Teil davon ab, ob man selbst Subjekt oder Objekt einer solchen Einflußnahme ist. Wer seine eigene Meinung propagiert, um damit die Meinung anderer zu verändern, spricht gewöhnlich von *Aufklärung*. Wer sich dagegen einer Beeinflussung von anderer Seite ausgesetzt sieht, klagt über *Manipulation*. Wir müssen uns wohl darüber im klaren sein, daß formal betrachtet jeder gezielte Versuch, meinungsbildend und meinungsändernd zu wirken, manipulative Züge trägt – ganz unabhängig davon, ob man subjektiv ›nur das Beste will‹ oder ob man sich zynisch eingesteht, andere seinen Zwecken dienstbar machen zu wollen. Wer sich mit den Techniken der *Communication and Persuasion* befaßt, muß sich der Janusköpfigkeit seines Gegenstandes bewußt sein.

Schriftliches Gutachten oder mündliche Beratung?

Abschließend wollen wir einen kurzen Blick auf diese Alternative werfen, die – wie ich meine – keine ist und auch keine sein sollte. Grundsätzlich hat der Psychodiagnostiker vier Möglichkeiten, dem Auftraggeber seine Befunde und Empfehlungen mitzuteilen. Er kann:

1. ein schriftliches Gutachten verfassen und auf eine mündliche Besprechung mit dem Auftraggeber verzichten;
2. ein mündliches Beratungsgespräch führen und von der Erstattung eines schriftlichen Gutachtens absehen;
3. ein schriftliches Gutachten erstellen und zusätzlich ein Beratungsgespräch anbieten oder zur Bedingung machen;

4. ein mündliches Beratungsgespräch führen und anschließend ein schriftliches Gutachten nachreichen.

Von diesen vier Möglichkeiten halte ich persönlich die erstgenannte für die schlechteste und lehne sie im Grunde völlig ab. Wie oben gezeigt wurde, ist die Gefahr von Mißverständnissen bei schriftlichen Gutachten viel zu groß, als daß sich ein verantwortungsbewußter Gutachter ausschließlich dieser Art von Kommunikation mit seinem Auftraggeber bedienen sollte. Außerdem ist im Bereich psychodiagnostischer Fragestellungen und Befunde selten etwas so eindeutig und endgültig, daß man es Schwarz auf Weiß besitzen und getrost nach Hause tragen könnte. Im übrigen ist es zumeist der *Auftraggeber*, der glaubt, sich mit einem schriftlichen Gutachten zufriedengeben und auf ein mündliches Gespräch verzichten zu können. Wenn der Psychodiagnostiker seine Tätigkeit nicht als bloße Dienstleistung betrachten will, sondern als Aufgabe, die Verantwortungsbewußtsein gegenüber dem Auftraggeber und vor allem auch gegenüber dem Probanden erfordert, wird er der verbreiteten Vorliebe für schriftliche (Kurz-) Gutachten, die auch noch möglichst schnell angeliefert werden sollen, entgegentreten müssen. Über die Auswirkungen solcher Gutachten hat der Psychologe keine Information und Kontrolle; Mißverständnisse gehen häufig zu Lasten des Probanden (der ja mit dem Auftraggeber zumeist nicht identisch ist). Ein Auftraggeber, der sich keine Zeit für ein persönliches Gespräch nimmt, sollte seine Entscheidungen treffen, ohne einen Psychodiagnostiker als Alibi zu benutzen.

Bei solchen Überlegungen könnte man einen Schritt weiter gehen und sich fragen, ob man nicht am besten *überhaupt keine* Gutachten mehr schriebe. Diese Frage hat in der Tat einiges für sich, und manche Psychodiagnostiker haben sie sich bisweilen schon gestellt. Die alten quasiliterarischen Persönlichkeitsbeschreibungen sind bei vielen Fachkollegen ohnehin nicht mehr sonderlich beliebt. Es bereitet Mühe, sie zu verfassen, oft sind sie unübersichtlich und verwirren den Leser mehr als sie ihn aufklären, und sie belasten das methodische Gewissen vieler Diagnostiker. Eine mögliche und verschiedentlich diskutierte Alternative zum Gutachten alten Stils, das *Profilgutachten*, dürfte freilich auch nicht alles halten, was sich seine Befürworter von ihm versprechen. Gradeinstufungen von Eigenschaften, Motiven, Fähigkeiten einerseits und Empfehlungen und Urteilen andererseits könnten eine Exaktheit vortäuschen, die diagnostisch und prognostisch nicht gegeben ist. Wie die Untersuchung von BAUER gezeigt hat (vgl. S. 86 f.), werden Profilgutachten genauso unkritisch behandelt wie ausformulierte Gutachten. *Semantische* Probleme bestehen auch hier, obwohl sie wahrscheinlich leichter zu lösen sind als bei quasiliterarischen Gutachten. Und schließlich sind die meisten Gutachtenempfänger nicht gewöhnt, mit Profilen, Kurven und Schemata umzugehen.

Sollte man also als Psychodiagnostiker und psychologischer Gutachter möglichst gar nichts Schriftliches aus der Hand geben? Diese Konsequenz wäre – ganz abgesehen davon, daß amtliche Auftraggeber (z. B. Gerichte) auf schriftlichen Gutachten bestehen und bestehen müssen – sicherlich zu extrem und sachlich oft unangemessen, bisweilen sogar falsch. Der Leser erinnere sich nur an die Diskussion über die *Glaubwürdigkeit* von Gutachten (vgl. besonders S. 92 f.). Es mag Gutachten geben, die (um mit Christian Morgenstern zu sprechen) »erst viele Stunden später wirken«, deren Argumente erst allmählich Gewicht erhalten. Wenn ein Gutachter im Beratungsgespräch an seinen Partner nicht so recht ›herankommt‹ oder wenn dieser seine Mitteilungen und Empfehlungen auf Anhieb nicht ›verkraftet‹, kann ein schriftliches Gutachten – zu einem späteren Zeitpunkt und in einer weniger belastenden Situation wieder vorgenommen – doch noch seine Wirkung tun.

In der Regel scheint mir freilich das Beratungsgespräch im Hinblick auf das Ziel allen Diagnostizierens, eine möglichst unmißverständliche Antwort auf die Frage des Auftraggebers zu vermitteln und gegebenenfalls eine Einstellungsänderung bei ihm zu erzielen, wirkungsvoller zu sein. Nur im persönlichen Kontakt mit der Möglichkeit von kognitiver und emotionaler Rückkoppelung ist eine gewisse Garantie gegeben, daß Mißverständnisse ausgeräumt und Störeffekte kontrolliert werden können. Es darf gewiß nicht übersehen werden, daß auch das Beratungsgespräch seine Kommunikationsprobleme hat. Die Beherrschung von Gesprächstechniken erfordert vielleicht sogar eine umfassendere Ausbildung, ein intensiveres Training als die Beherrschung von Gutachtentechniken. Wie Schraml (1964, S. 877) berichtet, wird von psychoanalytischer Seite sogar eine *Lehranalyse* als Grundvoraussetzung nicht nur des erfolgreichen Beratungsgesprächs, sondern sogar des Interviews und der Exploration diskutiert. Die Kommunikationsbarrieren im Beratungsgespräch (Alters-, Geschlechts-, Persönlichkeitsunterschiede, Rollenprobleme, Sympathie – Antipathie, Situation u. a.) sind jedenfalls nicht zu unterschätzen und treten teilweise sogar schärfer hervor als in der distanzierten schriftlichen Kommunikation (vgl. dazu Bergius, 1955; Schraml, 1962 und 1964).

Andererseits bietet das Beratungsgespräch mehr Variationsmöglichkeiten als das Gutachten, die der Gutachter gezielt zur Kommunikationsverbesserung und zur Intensivierung des Beratungseffekts einzusetzen vermag. Häufig kann er sich sogar ursprünglich kommunikationshemmende und erfolggefährdende Störfaktoren nutzbar machen. Gemeint ist hier vor allem die Anwendung gruppenpsychologischer Erkenntnisse und Techniken. Höger und Schmidt (1965) haben gezeigt, wie das *gruppendynamische Modell* im Erziehungsberatungsgespräch erfolgreich praktiziert werden kann. Bei bestimmten Beratungsfällen arbeiteten sie – ausgehend vom Postulat des Leistungsvorteils der Gruppe gegenüber dem einzelnen – mit zwei oder gar drei Gesprächsleitern.

»Diese Beratergruppe hat nicht nur eine größere Leistungsfähigkeit als ein einzelner, sofern es um die Suche nach der Lösung von Problemen geht, sondern sie erhöht damit auch die Erfolgschance der Gesamtgruppe, d. h. es ist eine größere Ergiebigkeit des Beratungsgesprächs zu erwarten.
Außerdem sind ... persönlichkeitsdynamische Gesichtspunkte von Bedeutung. Vor allem ist es nach unseren Erfahrungen möglich, in Gesprächen auftauchende Affekte so zu lenken, daß ggf. ein Berater die vorhandenen Aggressionen auf sich zieht, während der andere eine positive Beziehung zu den Eltern herstellt und dadurch eine bessere Möglichkeit zur Einflußnahme hat. Die ambivalente Einstellung seitens der Eltern ist dann nicht einer Person gegenüber mehr oder weniger sukzessiv wirksam, sie verteilt sich vielmehr simultan auf zwei, was nicht nur eine Zeitersparnis bedeutet, sondern auch dem ›aggressiven‹ Berater eine größere Initiative ermöglicht, da seinem Partner eine erhöhte ausgleichende Wirkung zukommt. Auf diese Weise gewinnt das Beratungsgespräch an Intensität. Es ist möglich, rascher zu Bereichen vorzudringen, zu denen sich ein einzelner erst nach längerer Zeit vortasten oder die er oft nicht ohne weiteres so rasch in direkter Form angehen könnte.« (S. 66 f.)

Die Gesprächsleitung zu zweit hat noch andere Vorzüge. Teilnehmer verschiedenen Geschlechts, Alters und Temperaments können einander ergänzen und Differenzen, wie sie oft zwischen *einem* Berater und den Eltern bestehen, überbrücken. Ferner wird »der Teamcharakter der Erziehungsberatungsarbeit unterstrichen und vor den Eltern sinnfällig demonstriert«, mehr noch: die Eltern können in eine Gesprächsrunde einbezogen und »auf diese Weise auch leichter aus der Rolle des ›Rezeptempfängers‹ in die des ›Mitarbeiters‹ geführt werden« (S. 67 f.). Aus der Einstellungsforschung ist bekannt, daß Feststellungen und Empfehlungen eher akzeptiert werden und Einstellungsänderungen leichter zu erzielen sind, wenn der Kommunikant am Zustandekommen einer Entscheidung *aktiv beteiligt* war. – Die Nutzung gruppenpsychologischer Erkenntnisse ist natürlich nicht nur auf das Erziehungsberatungsgespräch beschränkt.

Bisher kreiste die Diskussion – entgegen der eingangs bekundeten Auffassung – um die Alternative Gutachten – Beratungsgespräch. Sieht man einmal von der unseligen Praxis graphologischer Gutachter ab, die häufig weder den Auftraggeber noch gar den Probanden persönlich kennen, und andererseits von überlasteten Erziehungsberatern, die für die Abfassung eines Gutachtens ohnehin keine Zeit haben und sich auf ein mündliches Beratungsgespräch beschränken müssen, so dürfte im psychodiagnostischen Alltag die *Kombination* von schriftlichem Gutachten und persönlichem Gespräch die Regel sein. Diese Kombination ist in vielen Fällen angemessen oder gar notwendig. Bleibt die Frage nach der Reihenfolge der Kommunikationsmedien: zuerst Gutachten, dann Beratungsgespräch – oder umgekehrt?

Gibt man dem Auftraggeber zuerst ein *schriftliches Gutachten* in die Hand, so kann er sich (in groben Zügen) über die Ergebnisse der Untersuchung, die Schlußfolgerungen des Diagnostikers und die eigenen Handlungsmöglichkeiten informieren. Er kommt dann bereits mit einem Vorwissen zum Beratungsgespräch. Das mag in manchen Fällen und bei manchen Auftraggebern ein Vorteil sein. In anderen Fällen – und ich nehme an, daß sie häufiger sind – dürfte diese Kommunikationssequenz gewichtige Nachteile haben. Die vielzitierten Mißverständnisse und enttäuschten Erwartungen des Gutachtenempfängers können alte Fehleinschätzungen und -einstellungen verfestigen und/oder neue ›Vorurteile‹ schaffen, die im anschließenden Beratungsgespräch mühsam wieder korrigiert werden müssen, falls das dann überhaupt noch möglich ist. Denn nun hat es der Gutachter mit Vorurteilsballast aus (mindestens) zwei Perioden zu tun. Ist er zudem genötigt, wenn nicht sein Gutachten, so doch dessen Auffassung durch den Empfänger richtigzustellen, dürfte mitunter seine Glaubwürdigkeit leiden. Denn viele Auftraggeber werden eher Widersprüche zwischen dem schriftlichen Gutachten und seiner mündlichen Auslegung wahrnehmen als eigene Mißverständnisse und Vorurteile.

Läßt dagegen ein Diagnostiker – wie oben angedeutet – seinen Auftraggeber im *mündlichen Gespräch* gleichsam an der Interpretation von Untersuchungsergebnissen, an der Problemanalyse und an Entscheidungsprozessen bis hin zur Formulierung von

Verhaltens- und Handlungsmöglichkeiten aktiv teilnehmen, so wirkt ein anschließend verfaßtes Gutachten wie ein gemeinsames *Kommuniqué*, das den Effekt des Beratungsgesprächs zu einem späteren Zeitpunkt positiv verstärken kann. Wenn es zeitlich, organisatorisch und personell möglich ist, sollte der Gutachter die Vorteile des persönlichen – möglichst unter gruppendynamischen Gesichtspunkten geführten – Gesprächs zur optimalen Kommunikation mit seinem Auftraggeber nutzen und eine erfolgreiche Beratung durch ein schriftliches Gutachten, das sich nicht nur auf die Ergebnisse der psychodiagnostischen Untersuchung, *sondern auch auf Besonderheiten des Beratungsgesprächs* bezieht, bekräftigen.

In einigen, wiewohl seltenen Fällen kann es geraten erscheinen, die Herausgabe schriftlicher Gutachten zu verweigern. Dies vor allem dann, wenn zu befürchten steht, daß ein Auftraggeber ein Gutachten über sich selbst nicht verarbeiten kann und dadurch zusätzlich belastet wird – oder daß ein Auftraggeber ein Gutachten über eine dritte Person zu anderen als den angegebenen Zwecken verwendet und vielleicht mißbraucht. Der erste Fall kann bei neurotisch gestörten Personen auftreten, besonders dann, wenn die Begutachtung nicht in eine Behandlung mündet; der zweite Fall ist möglicherweise gegeben, wenn stärkere Interessenkonflikte zwischen Auftraggeber und Proband außerhalb der engeren Fragestellung bestehen. In diesem Zusammenhang ist freilich die vertragsrechtliche Seite (vgl. S. 31) tunlichst zu beachten. Daß ein verantwortungsbewußter Psychologe keine graphologischen Gutachten ohne Einwilligung des Schrifturhebers verfaßt (sofern er überhaupt Gutachten anfertigt, die auf einem einzigen Verfahren beruhen), ist leider immer noch nicht allgemeine Überzeugung des Berufsstandes. Nach dem Gesetzentwurf von 1962 liegt ein solches Verhalten eines Berufspsychologen übrigens an der Grenze der Strafbarkeit.

Rückblick: Selektion und Akzentuierung als Störvariablen psychologischer Begutachtung

In dieser Abhandlung war viel von Mißverständnissen die Rede, von Ungenauigkeit, Mehrdeutigkeit, falscher Übersetzung und Entschlüsselung, Taktiken und Täuschungsmanövern, mangelnder Äußerungsfähigkeit und Enthüllungsbereitschaft, Störkontexten und Kommunikationsschwierigkeiten. Alle diese Negativ-Charakterisierungen beziehen sich auf Prozesse der Informationsübertragung, wie sie in verschiedenen Phasen des psychodiagnostischen Geschehens stattfinden. Die Unzulänglichkeit dieser Übertragungsvorgänge führt zu *Informationsverlust*, der vor allem auf der einseitigen Auswahl bzw. Unterdrückung von Daten (Selektion) und auf der Datenverzerrung (Akzentuierung) beruht. Zusammen mit anderen Fehlergrößen geht dieser Informationsverlust zu Lasten einer möglichst objektiven Beurteilung des Probanden, einer angemessenen Beratung des Auftraggebers und des wünschenswerten Beratungserfolgs.

Es mag nützlich sein, sich rückblickend noch einmal systematisch und chronologisch die auftretenden Selektions- und Akzentuierungsvorgänge ins Gedächtnis zurückzurufen. Wo sind im psychodiagnostischen Geschehen die ›undichten Stellen‹ an denen Information verlorengeht?

Zuvor noch ein Hinweis. Das folgende Schema – wiewohl sicher immer noch unvollständig – ›übertreibt‹ insofern, als es in dieser Form nicht für jede psychodiagnostische Situation gilt. Die systematische Perspektive faßt *alle möglichen* Fälle ins Auge, nicht *jeden einzelnen.*

1. Der *Auftraggeber* nimmt seine eigenen Probleme, deren Ursachen und Konsequenzen selektiv wahr und setzt subjektive Akzente, indem er manche Sachverhalte überbewertet und andere unterschätzt.
2. Der *Auftraggeber* schildert dem Diagnostiker sein Problem in unzureichender Weise, da er
   a) manche Sachverhalte und Zusammenhänge nicht mitteilen *kann,* weil er sie
      – selbst nicht erkennt;
      – nicht ausdrücken kann
        (mangelnde Verbalisierungsfähigkeit);
   b) andere Sachverhalte und Zusammenhänge nicht mittei-

len *will*, weil er sie
   – für unwichtig hält;
   – als peinlich empfindet.

3. Der Psychologe als *Auftragsempfänger* selegiert und akzentuiert Informationen aufgrund
   a) seiner theoretischen Position (Ausbildung, ›Schule‹, Selbstverständnis als Psychologe u. a.);
   b) seiner Fähigkeiten (als Explorator, als Beobachter, Einfühlungsfähigkeit u. a.) und Erfahrung;
   c) seiner Einstellungen, Erwartungshaltungen, Bedürfnisse, Reaktionstendenzen, Hypothesen, Projektionsneigungen usw.
      – allgemeiner Art;
      – im speziellen Fall.
4. Der Psychologe als *Planer* der psychodiagnostischen Untersuchung bestimmt das Ausmaß (Selektion) und die Art (Akzentuierung) der zu gewinnenden Befunde durch die Auswahl der Untersuchungsverfahren.
5. Die *Testsituation* in ihren Komponenten
   a) Anlaß- und Folgesituation für den Probanden;
   b) Verlauf und Atmosphäre der Untersuchung;

   beeinflußt Erwartungshaltungen, Motivationen und Verhalten des Probanden und damit die Befunde.
6. Der *Proband* steuert Produktion und Qualität von Informationen über sich selbst durch
   a) mangelnde Äußerungs*fähigkeit* (Verzerrung von Daten);
   b) mangelnde Äußerungs*willigkeit* (Unterdrückung von Daten);
   c) andere, spezielle *Taktiken* (Verzerrung).
7. Der Psychologe als *Testleiter* modifiziert und unterdrückt Daten durch
   a) seine Person und Persönlichkeit (›Testleitereffekt‹);
   b) fehlerhafte und selektive Protokollierung.
8. Der Psychologe als *Psychodiagnostiker* interpretiert die erhaltenen Daten selektiv und akzentuierend aufgrund
   a) seiner theoretischen Position (Ausbildung, ›Schule‹);
   b) seiner Fähigkeiten (als Diagnostiker) und Erfahrung;
   c) seiner Einstellungen, Erwartungshaltungen, Bedürfnisse, Reaktionstendenzen, Hypothesen, Projektionsneigungen usw.
      – allgemeiner Art;
      – im speziellen Fall.
9. Der Psychologe als *Gutachter* bestimmt (selegiert) und ge-

wichtet (akzentuiert) die Informationen, die dem Auftraggeber übermittelt werden, danach, was er für notwendig und geeignet hält,

a) die Frage des Auftraggebers zu beantworten;
b) eine mögliche Einstellungsänderung beim Auftraggeber zu erzielen.

10. Der *Gutachtenempfänger* selegiert und akzentuiert (bewertet) Aussagen und Empfehlungen des Gutachtens (bzw. Beratungsgesprächs) nach

a) seinen Vorstellungen über psychologische und soziale Sachverhalte und Zusammenhänge (kognitiver Aspekt);
b) seinen Erwartungshaltungen, Interessen und Zielvorstellungen im speziellen Fall (emotional-motivationaler Aspekt);
c) der dem Gutachter zugebilligten Glaubwürdigkeit (situativer Aspekt).

Dieses Schema gilt – wie gesagt – für *alle* psychodiagnostischen Situationen, nicht für *jede. Welche* Informationsverluste im Einzelfall auftreten, in welcher Kombination und in welchem Ausmaß, das hängt von zahlreichen Faktoren ab, vom Typ des Gutachtenauftrags, von seinem Anlaß, von den beteiligten Personen und von der Qualität des Diagnostikers, um nur einige der wichtigsten zu nennen.

Trotzdem mag diese Darstellung eines fortschreitenden Informationsverlustes im psychodiagnostischen Geschehen in ihrer rigorosen Systematik auf potentielle Auftraggeber und auf Psychodiagnostiker selbst unbehaglich oder auch unglaubwürdig wirken. Ich wollte indes weder meine Kollegen verärgern, noch ihre Klientele vergraulen oder gar Wasser auf die Mühlen genereller Psychodiagnostikgegner leiten.

Meine Absicht war, angehende und praktizierende Psychodiagnostiker wieder einmal auf die vielfältigen Probleme der Kommunikation und Informationsübertragung im Rahmen ihrer Tätigkeit hinzuweisen. Solange die Grundlagenforschung zur Psychodiagnostik noch in den Kinderschuhen steckt, muß der Praktiker intuitiv, durch Probierverhalten und aufgrund seiner Erfahrung versuchen, den Informationsfluß im psychodiagnostischen Geschehen zu verbessern. Daß in dieser Hinsicht – trotz der zahlreichen Schwierigkeiten – einiges zu erreichen ist, bezweifle ich nicht, vorausgesetzt, man *kennt* die neuralgischen Punkte und *nimmt sie ernst.* Dann fällt einem vielleicht auch hier und da Abhilfe ein.

Eine letzte Bemerkung richtet sich an die Adresse von *Nicht-*

psychologen. Kommunikations- und Informationsprobleme gibt es in vielen Berufen. Wenn die Psychodiagnostiker die ihren *erkannt* haben, so spricht das jedenfalls nicht gegen ihre Tätigkeit. Und wenn diese Probleme im Bereich der Psychodiagnostik vielfältiger und schwerwiegender sein sollten als anderswo, so denke man an die Komplexität und Dynamik ihres Gegenstandes, um angemessen zu urteilen.

Anhang

Mögliche Mängel psychologischer Gutachten

Vorbemerkung

Auf den folgenden Seiten tue ich etwas, das ich an anderer Stelle ein wenig abgetan habe: Ich diskutiere ohne besondere Systematik einzelne Mängel psychologischer Gutachten, die mir aufgefallen sind, und mache einige Vorschläge, wie man sie vermeiden kann. Es handelt sich – genauer gesagt – um zwei Gruppen von Mängeln:

1. um *sachlich-inhaltliche* Mängel, die aus Unzulänglichkeiten und Fragwürdigkeiten des Gedankengangs stammen und die vor allem die Verständlichkeit und Angemessenheit des Gutachtens mindern;
2. um *stilistische* Mängel, die als verbreitete Symptome der allgemeinen Sprachverkümmerung anzusehen sind und die vor allem die Lesbarkeit des Gutachtens erschweren.

Ich rechne damit, daß dieses Unternehmen teilweise auf Kritik stoßen wird. Was über sachlich-inhaltliche Mängel zu sagen ist, mag vielleicht eher Interesse erwecken. Die Ausführungen über stilistische Fragen wird dagegen mancher als müßig abtun: der Grundlagenforscher als ›unwissenschaftlich‹ und der gesellschaftlich engagierte Psychodiagnostiker als ›ästhetisierend‹.

Solange in der Diplompsychologen-Ausbildung und in der Praxis noch Gutachten – auch quasiliterarische Persönlichkeitsgutachten – verlangt und geschrieben werden, sollte man, meine ich, versuchen, sie einigermaßen lesbar zu machen. Es ist nicht einzusehen, weshalb für ein psychologisches Gutachten nicht die gleichen Stilregeln gelten sollten, wie für andere Sachprosa auch. Die meisten Psychodiagnostiker sind sich darüber einig, daß Gutachtenschreiben schwer – und das Resultat oft mäßig ist. Wir sollten uns vielleicht einmal entscheiden, ob wir auf schriftliche Gutachten überhaupt verzichten – oder ihre Technik verbessern wollen.

Im folgenden beschränke ich mich – wie gesagt – darauf mitzuteilen, was mir bei der Lektüre und Korrektur von über 1000 Übungsgutachten an einzelnen Mängeln begegnet ist. Meine einzige Absicht ist die, angehende und vielleicht auch einige praktizierende Psychodiagnostiker *anzuregen*, ihre Gutachten einmal in dieser Hinsicht kritisch zu lesen. Jeder macht seine Lieblingsfehler, und möglicherweise lassen sie sich vermeiden, wenn man erst einmal darauf aufmerksam gemacht worden ist. Wenn dagegen jemand meinen Ausführungen und Beispielen entnehmen sollte, daß es im Grunde ›unmöglich‹ sei, (gute) Gutachten zu schreiben, so will ich auch damit zufrieden sein. Ein solcher Leser betrachte das folgende als eine Art Abgesang.

Denn das muß ich vorausschicken: Aus didaktischen Gründen arbeite ich vor allem mit abschreckenden Beispielen, getreu der Devise von REINERS:

»Der Vers Wilhelm Busch's

> Das Gute – dieser Satz steht fest –
> ist stets das Böse, das man läßt,

mag in der Ethik bestritten sein: für die Stillehre gilt er unbedingt.« (1964, S. 57)

Sachlich-inhaltliche Mängel

1. Test-Termini und psychologische Fachausdrücke:

   Test-Termini (wie ›introversiver Erlebnistypus‹, ›Rotschock‹, ›Neurotizismus-Score‹, ›W-Profil‹) gehören nicht ins Gutachten, auch nicht zur Illustration in Klammern. Nichtpsychologen werden dadurch nur verwirrt, und Fachkollegen überläßt man erforderlichenfalls besser gleich die Testunterlagen.

   Psychologische Fachausdrücke werden von Nichtpsychologen vielfach nicht verstanden. Sinnvoll sind sie ohnehin nur in Zusammenhang mit einem Modell oder einer Theorie. Sie sollten nur in Gutachten, die für Fachkollegen bestimmt sind, benutzt werden.

   Kleine Auswahl in Gutachten häufig verwendeter Fachausdrücke, die von Nichtpsychologen kaum richtig verstanden werden können:

Affektdynamik	Extravertiert-introvertiert
affektive Absperrung	ausagieren
affektive Bindungen	frei flottierende Angst
emotionale Reize	Aggressivität
emotionale Ansprechbarkeit	Frustation
Reizüberflutung	Vaterfigur
Labilität	Bezugsperson
Vitalität	Phantasiekontakt

infantile Ansprüche
integriert-desintegriert
Abwehrmechanismen
projektive Tendenzen
Verdrängung
Kompensation
Identifikation
Ambivalenz
narzißtischer Charakter
ödipale Situation
negative Erwartungshaltung
Motivationssystem
Bewußtseinsniveau
Anspruchsniveau
Intelligenzstruktur
Intelligenzhemmung
räumliches Vorstellungsvermögen
Phantasielösungen
intellektuelle Steuerung
Realitätskontrolle

2. Nichtssagende, banale Floskeln:

»Er verspürt einen großen Drang, sich Überblick zu verschaffen, zu orientieren, und soweit dies seinen Möglichkeiten entspricht, gelingt ihm das auch.«

»Durch den starken Antrieb, die großen Ansprüche und die geringe Beharrlichkeit auf emotionalem Gebiet kommt er manchmal in unangenehme Berührung mit der Umwelt.«

Über einen 18jährigen Probanden: Die emotionale Situation des Pb macht also noch einen etwas pubertären Eindruck, obwohl sich allerdings schon recht deutlich Reifungsmerkmale zeigen.

Über denselben Probanden: »Es handelt sich bei dem 18jährigen Oberschüler um einen begabten jungen Mann, der sich jedoch über sich selbst und seine Stellung in der Welt noch nicht ausreichend im klaren ist.«

Kommentar: *Um Aussagen dieser Art zu machen, bedarf es wahrhaftig weder eines Psychologen noch einer psychodiagnostischen Untersuchung.*

3. Abstrakte und verblasene Floskeln:

»Der Bezug zu realen Gegebenheiten ist gut.«

»Er kann mit seiner eigenen Affektivität nichts anfangen.«

»Außerdem ergibt sich bei der Auseinandersetzung seiner Triebstruktur mit kulturellen Anforderungen viel Konfliktstoff.«

»Man hat den Eindruck, daß der Pb das durchschnittliche Bewußtseinsniveau seiner Kultur nicht erreicht hat.«

»Kennzeichnend für diese Persönlichkeit sind starke Gegenläufigkeiten in der affektiven Dynamik.«

»Er hat nicht die Möglichkeit, auf ihn eindringende Reize adäquat zu verarbeiten und in seine Persönlichkeitsstruktur zu integrieren. Es fehlen ihm ausreichend differenzierte Regulations- und Steuerungsmechanismen.«

Kommentar: *Die beiden letzten Aussagen sind eher geeignet, einen Roboter zu beschreiben als einen Menschen, mithin recht eigentlich ›inhuman‹.*

4. Kompliziert aufgezäumte Selbstverständlichkeiten:

»Die Aufmerksamkeit über längere Dauer konzentriert auf einen

Sachverhalt zu richten, gelingt dem Probanden, wenn er sich ausdrücklich darum bemüht.«
Kommentar: *Für wen gilt das nicht?*
»Die Fähigkeit zu logisch folgerichtig vom besonderen zum allgemeinen fortschreitenden Denken kommt beim Erkennen von Beziehungen und Gesetzmäßigkeiten am besten zum Einsatz.«
Kommentar: *Kein Zweifel, daß logisches Denken durch das Erkennen von Beziehungen und Gesetzmäßigkeiten begünstigt wird.*

Aussagen, die inhaltsreicher und bedeutsamer scheinen, als sie sind, wirken irreführend.

5. Unaufgeklärte Widersprüche:

»Schätzungsweise ist die Probandin weitgehend extravertiert, obwohl introvertierte Züge nicht fehlen.«
Es ist anzunehmen, gewissermaßen kann nicht geleugnet werden, daß das Bedürfnis der Schreiberin nicht besonders groß ist, obwohl es vorhanden ist.«
»Insgesamt läßt sich jedoch sagen, daß der Kontakt nicht als übertrieben egozentrisch zu bezeichnen ist, obwohl eine gewisse Egozentrik aus der Schrift ersichtlich ist.«
»Die Ansprechbarkeit wird stark eingeengt, bleibt aber weiter wirksam.«
Kommentar: *Solche Aussagen kommen oft durch den – mißglückten – Versuch einer nuancierten Schilderung zustande. In dieser Form sind sie jedenfalls – zumindest für den Nichtpsychologen – widersprüchlich.*

6. Aussagen vor dem Hintergrund unreflektierter Modellvorstellungen:

»Auch die Konfliktproblematik des Pb ist so stark unterdrückt, daß sie keinen Anlaß zu anhaltender und heftiger innerer Unruhe gibt.«
Kommentar: *Bei unterdrückten oder verdrängten Konflikten würde man gerade mit innerer Unruhe rechnen.*
»Die Haß- und Liebesgefühle der Persönlichkeit stehen ambivalent und isoliert nebeneinander.«
Kommentar: *›Ambivalent‹ und ›isoliert‹ schließen sich hier aus.*
»Es muß angenommen werden, daß alle Handlungen des Probanden bewußt oder unbewußt von seiner Triebproblematik durchzogen sind.«
Kommentar: *Handlungen, die ›bewußt‹ von Triebproblematik durchzogen sind?*
»Fehlende Sensibilität in bezug auf die Mitmenschen und teilweise narzißtische Ängstlichkeit einerseits, triebhafte und aggressive Impulse andererseits lassen kein aktives, auf den anderen eingehendes Kontaktstreben zu.«
Kommentar: *Hier wurden offensichtlich die Dimensionen aktiv – passiv und egozentrisch – einfühlend durcheinandergeworfen.*

7. Falsche Verknüpfungen:
   Durch — falschen — Gebrauch der Konjunktionen *aber, trotzdem, obwohl* usw. wird ein Gegensatz geschaffen, der in Wirklichkeit nicht besteht.

   »*Obwohl* er von der Umwelt für intelligenter gehalten wird, als er ist, erreicht seine Leistung *trotzdem* nicht seine höchsten Möglichkeiten.«
   Kommentar: *Die Überschätzung eines Menschen macht seine Leistungen gewöhnlich nicht besser.*
   »Sein Denken ist oberflächlich, konventionell, *aber* sehr angepaßt.«
   Kommentar: *Oberflächliches, konventionelles Denken ist in der Regel auch ›angepaßt‹.*
   »Hervorzuheben ist die scharfe Beobachtungsfähigkeit des Pb, *obwohl* er andererseits sehr originell ist.«
   Kommentar: *Auch originelle Köpfe können scharf beobachten.*
   »Das Intelligenzpotential ist zwar nur durchschnittlich, *aber* die Intelligenz ist funktionstüchtig.«
   Kommentar: *Intelligenz kann auf allen Niveaustufen funktionstüchtig sein oder nicht.*

   Dem Nichtpsychologen fallen solche Ungereimtheiten vielleicht weniger auf. Sie sind trotzdem bedenklich, weil auch hinter ihnen möglicherweise falsche Modellvorstellungen stehen, die sich im größeren Zusammenhang verzerrend auswirken.

8. Massive Aussagen (die bereits ohne Kenntnis der Befunde als wahrscheinlich falsch angesehen werden können):

   »Emotionale Angepaßtheit fehlt.«
   »Interesse für Konkretes geht ihm vollkommen ab.«
   »Seine Strebungen sind beschränkt auf die sogenannten elementaren Bedürfnisse der Selbst- und Arterhaltung.«
   Kommentar: *Massive Aussagen wie die drei zitierten treffen selbst in hochgradig pathologischen Fällen selten zu.*
   »Eigene Triebansprüche versucht er nicht durchzusetzen. Es gibt für ihr Vorhandensein keinen Hinweis.«
   Kommentar: *Ein Mensch ohne Triebansprüche?!*

9. Wertungen (meist negativer Art):

   »Insgesamt läßt sich jedoch sagen, daß die Schreiberin kein großer Erfolgstyp ist.«
   »Der Proband ist beweglich, clever, bauernschlau.«
   »Hinter seiner oberflächlichen Anpassung liegt ein unverarbeitetes Triebleben, das in seiner Stärke erschreckend ist.«
   »Sein mitmenschliches Interesse ist herabgesetzt und bewußtseinsfern, nicht natürlich, herzlich, sondern recht primitiv.«
   Kommentar: *Psychodiagnostiker, denen solche Aussagen häufiger*

unterlaufen, sollten ihr Selbstverständnis als Psychologe überprüfen.

Wer sich an abschreckenden Beispielen dieser Art überfüttern will, bis er ein für allemal davon genug hat, der lese die graphologischen Gutachten von KLAGES (1965). Sie bestehen zum großen Teil aus subjektiven, abfälligen und ideologisch begründeten Werturteilen (die allerdings oft – man möchte sagen: leider – bestechend formuliert sind).

Selbst allgemeinere und häufig benützte qualifizierende Aussagen wie *gute Intelligenz* oder *schlechte Anpassung* sind bedenklich, wenn nicht die Bedingungen angegeben werden (können), unter denen sich diese ›Merkmale‹ oder entsprechende Verhaltensweisen manifestieren.

10. Indirekte Charakterisierung durch Verneinen des Gegenteils:

Im folgenden Beispiel wollte der Gutachter den Probanden als *großzügig, beweglich* im Denken und *originell* schildern. Er tat das so:

»Auf pedantisches und übertrieben genaues Behandeln jeder Einzelheit legt er weniger Wert. Das Denken ist durchaus nicht eingleisig und stereotyp geprägt, wenn es auch alltägliche und konventionelle Gegebenheiten nachzuvollziehen vermag.«

Kommentar: *Statt zu sagen, wie der Pb ist, schildert ihn der Gutachter, wie er nicht ist.*

Man beachte in diesem Zusammenhang auch den Gebrauch des Adverbs ›durchaus‹. Häufig liest man in Gutachten, der Proband könne sich *durchaus* anpassen, habe *durchaus* eigene Ideen oder sei *durchaus* kontaktbedürftig, als ob das jemand bezweifelt hätte. Die Vorliebe für dieses Adverb entspringt gewöhnlich dem Bestreben, sich nicht festzulegen: denn welchen Stärkegrad beschreibt ›durchaus‹? Eine ähnliche Unsitte besteht darin, dem Probanden dieses oder jenes *nicht abzusprechen*. Auch hier bleibt die Ausprägung des Merkmals völlig unklar. Zudem klingen solche Formulierungen unangenehm gönnerhaft:

»Dem Probanden ist eine gewisse Eigenständigkeit durchaus nicht abzusprechen.«

11. Bilderreiche Sprache und drastische Analogien:

Manche Gutachter versuchen, einen Probanden durch quasipoetische Formulierungen oder kühne Vergleiche besonders individuell zu charakterisieren. Das Ergebnis sieht dann manchmal so aus:

»Der Pb weiß sehr gut, was man tut, welche politische Meinung man hat und daß man sonntags in die Kirche geht.« *(Diese Aussage wurde übrigens aus den Ergebnissen eines Rorschach-Tests abgeleitet!)*
»Der Pb wagt nicht, sich den Spiegel der Selbsterkenntnis vors Gesicht zu halten, aus Furcht, es könnte eine Triebfratze herausschauen.«
Kommentar: *Solche Vergleiche sind Stilblüten und damit komisch.*

12. Aussagen, die sich nicht auf den Probanden, sondern auf andere Personen beziehen:
Solche Aussagen können sinnvoll und notwendig sein, wenn sie zuverlässig belegt sind und zum Verständnis der Situation des Probanden beitragen. Werden sie allerdings nur ›gefolgert‹ (Projektion!), so sind sie fehl am Platz, ganz abgesehen davon, daß der Auftraggeber sie leicht widerlegen kann (Psychodiagnostik ist kein Ratespiel mit anschließender Auflösung!). Die beiden folgenden Beispiele stammen aus graphologischen (Blind-) Gutachten; bei KLAGES kann man viele ähnliche Aussagen finden:

»Unbedingt zu erwähnen ist, daß sie mit ihrem stark ansprechenden Wesen einen großen Bekanntenkreis hat.«
»Es kommt ihm jedoch ein instinktives Gespür für Situationen zu Hilfe, so daß er von anderen erstaunlich hoch eingeschätzt wird.«

13. Aussagen, die besondere Charakteristika des Probanden (z. B. Alter, ›Niveau‹) nicht berücksichtigen:

Über einen 12jährigen Pb: »Sein Denken ist reproduktiv und wenig schöpferisch.«
Über einen hochbegabten 25jährigen Pb: »Er zeigt zu geringe Tendenzen, sein Denken an seine Umwelt anzupassen.«

Überhaupt ist die *Anpassung* ein Lieblingsbegriff vieler Psychodiagnostiker. Probanden werden danach abgetastet, ob sie auch intellektuell, emotional und sozial ›angepaßt‹ sind; *Mangel an Anpassung* wird mit mildem Vorwurf konstatiert. Der Anpassungsbegriff, der im psychopathologischen Bereich teilweise seinen Sinn haben mag, hat in der Normalpsychologie eine schrankenlose (ideologisch bedingte?) Ausweitung erfahren. So kann es geschehen, daß die positivste Aussage eines Gutachters über einen Probanden so lautete:

»In seinen sozialen Vorstellungen ist er angepaßt, er kennt und akzeptiert die Normwerte und Verhaltensweisen, die bei uns üblich sind.«

Eine stilistische Analyse von Sachprosa müßte folgendes Mindestprogramm umfassen: Wortwahl, Wortstellung, Satzbau und die wichtigsten ›Stilkrankheiten‹. Hier können nur Einzelprobleme angedeutet und durch einige Beispiele illustiert werden. Wer sich für stilistische Fragen interessiert, sei auf die *Stilkunst* von REINERS (1964) verwiesen, ein ungemein anschauliches und amüsantes Buch, an dem auch ich mich orientiert habe.

1. Wortwahl:
   Viele Gutachten leiden durch ihr kümmerliches Vokabular an sprachlicher Öde. Anstatt spezieller, enger aber bedeutungsvoller, anschaulicher, konkreter, treffender und nuancierter Begriffe benutzen die Verfasser allgemeine, weite aber leere und unanschauliche Begriffe, die zur Not immer passen. Oft ähneln sich Gutachten über recht verschiedene ›Charaktere‹ sprachlich zum Verwechseln.

   AUS DORNSEIFFS *Der deutsche Wortschatz nach Sachgruppen* (1965) habe ich den Umfeldern der Begriffe ›Erregbarkeit‹, ›Reizbarkeit‹ und ›Empfindlichkeit‹ – Begriffe, die in der Persönlichkeitsdiagnostik häufig gebraucht werden – insgesamt 90 Worte entnommen, die man in Gutachten prinzipiell verwenden könnte. Anschließend zählte ich aus, welche dieser Worte wie oft in 34 Übungsgutachten über zwei unterschiedlich geartete Probanden, bei denen der entsprechende Merkmalsbereich indes eine zentrale Bedeutung besaß, vorkamen. Von den 90 Begriffen fanden sich in den Gutachten 16 (20 %) mindestens einmal; 6 (7,4 %) von ihnen machten über 70 % des Gesamtvorkommens aus: affektiv, aggressiv, differenziert, emotional, labil und sensibel – allesamt Fremdwörter und im Grenzbereich zwischen psychologischer Fachsprache und Umgangssprache angesiedelt. Kamen Begriffe wie ›erregbar‹, ›lebhaft‹ und ›reizbar‹ vor, so waren sie häufig mit dem Begriff ›affektiv‹ (›Affektivität‹) gekoppelt.

   Sollte man als Gutachter Wortschatzübungen treiben und versuchen, sich treffender und nuancierter auszudrücken? Wer das täte, würde sich zweifellos dem Vorwurf aussetzen, er falle auf das Niveau der Charakterologie von KLAGES zurück, der sein System in der Sprache präformiert sah. Man würde einem solchen Gutachter vorhalten, daß sich die Mannigfaltigkeit der umgangssprachlichen Beschreibungsbegriffe faktorenanalytisch auf nur wenige Dimensionen reduzieren lasse und daß also jeder Versuch sprachlicher Nuancierung in Gutachten von vornherein pseudoexakt sei. Zudem seien sprachlich anspruchsvolle Gutachten noch schwerer verständlich als primitive.

Sicherlich wäre der Verständigung zwischen Gutachtern und Gutachtenempfängern am besten gedient, wenn sich die Psychodiagnostiker auf ein Vokabular weniger, aber wohldefinierter Beschreibungsbegriffe einigen könnten, deren Eindeutigkeit auch für Nichtpsychologen nachgewiesen wäre. Solange dieses Ziel jedoch utopisch erscheint, bezweifle ich, daß der Ausverkauf psychologischer Allerweltsbegriffe wie ›affektiv‹ und ›labil‹ in Gutachten besser ist als der Gebrauch treffender und anschaulicher Begriffe aus der Umgangssprache.

Obwohl ich als Psychodiagnostiker selbst grundwissenschaftlich eingestellt bin, erscheint mir die obige Argumentation als etwas zu ›akademisch‹. Ich sehe wohl das häufige Mißverhältnis zwischen Notwendigkeit und Möglichkeit psychodiagnostischer Differenzierung: Trotzdem bleibt die Forderung bestehen, konkret und anschaulich zu reden und zu schreiben, will man sich nicht bei intellektuell differenzierteren Auftraggebern lächerlich machen und bei einfacheren ein Kopfschütteln ernten. Gutachterliche Aussagen müssen sowohl wissenschaftlich vertretbar wie kommunikativ sinnvoll sein.

Es sei eingeräumt, daß die Probleme der Wortwahl bei den üblichen quasiliterarischen Gutachten, die ein ›Bild‹ der Persönlichkeit entwerfen sollen, natürlich am größten sind, während sie bei urteilenden und beratenden Gutachten eine weit geringere Bedeutung besitzen. Glücklicherweise – so möchte man angesichts der sprachlichen Unzulänglichkeiten und Schwierigkeiten sagen – geht die Tendenz der psychologischen Diagnostik weg von den alten ›Eigenschaftsgutachten‹ hin zu stärker funktions- und handlungsbezogenen.

2. Wortstellung:

Gegenüber dem Problem der Wortwahl ist das der Wortstellung für die Sachprosa weniger bedeutsam. Immerhin kann man den Aufmerksamkeitswert und die Einprägsamkeit wichtiger Aussagen in Gutachten erhöhen, wenn man bei der Wortstellung als Stilregel beachtet: Das *Sinnwort* (Reiners), der Begriff, der den Ton trägt, gehört an den Anfang oder an den Schluß des Satzes. Die folgenden Beispiele stammen aus einem graphologischen Gutachten von Heiss (1943, S. 310 ff.).

Normale Wortstellung: Das Wesen dieser Frau ist vorab durch eine besondere Begabung, nämlich durch eine starke und ungewöhnliche Kraft des Lebens und Erlebens, bestimmt.
Betonte Wortstellung: »Es ist eine Begabung, die vorab das Wesen dieser Frau bestimmt: eine starke und ungewöhnliche Kraft des Lebens und Erlebens.« (Heiß).
Normale Wortstellung: Schwerlich mag sich jemand dem eigentümlichen Reiz, der diesem Menschen anhaftet und der von der inneren Fülle und Lebendigkeit ausgeht, entzogen haben.
Betonte Wortstellung: »Der eigentümliche Reiz, der diesem Menschen anhaftet, und dem sich schwerlich jemand entzogen haben mag, geht von der inneren Fülle und Lebendigkeit aus.« (Heiß).
Normale Wortstellung: Sie zeigt eine große Fähigkeit, auf andere Menschen einzugehen.
Betonte Wortstellung: »Groß ist die Fähigkeit, auf andere Menschen einzugehen.« (Heiß).

An diesen Beispielen dürfte klargeworden sein, wie lahm und langweilig die normale Wortstellung gegenüber der betonten wirken kann. Natürlich sollte man diese Stilregel nicht zu Tode reiten: Texte, die betonte Wortstellung im Übermaß enthalten, wirken leicht gestelzt. Verwendet man sie jedoch sparsam und gezielt, so kann man wichtige Aussagen hervorheben oder – besonders bei längeren Gutachten – die strapazierte Aufmerksamkeit des Lesers wieder auffrischen.

3. Satzbau

Die stilistischen Probleme des Satzbaus – und die Fehler, die man dabei machen kann – sind so vielfältig, daß hier nur die wichtigsten kurz berührt werden können.

a) *Zu lange Sätze* entstehen nach Reiners, wenn man schreibt, wie man denkt: Einfälle durchkreuzen sich *(Schachtelsatz)* oder folgen aufeinander wie Assoziationen (*Kettensatz*). Nietzsche: »Die meisten Denker schreiben schlecht, weil sie uns nicht nur ihre Gedanken, sondern auch das Denken der Gedanken mitteilen.«
Der Schreiber eines *Schachtelsatzes* ist nicht imstande, einen Gedanken zu Ende zu denken, sondern fällt sich dauernd selbst ins Wort:

»Die Intelligenz des Probanden, die, wenn man sie, was man bei der vorliegenden Fragestellung, die einen entsprechenden Vergleich fordert, zu tun nicht umhin kann, an der Norm, d. h. der Norm seiner, in diesem Fall der studentischen, Bildungsgruppe bemißt, als, zumindest was bestimmte Einzelfähigkeiten, wie etwa den Umgang mit Zahlen, sei es beim praktisch-rechnerischen Denken, sei es bei Aufgaben, die abstrakte Kombination verlangen, angeht, eher unterdurchschnittlich bezeichnet werden muß, kann doch, besonders dann, wenn, wie es aufgrund der vielfältigen Interessen des Pb, die, wie bereits erwähnt, allerdings mehr emotionaler als sachlicher Natur sind, oft der Fall ist, sein Engagement angesprochen wird, besondere Leistungen bewirken.«

Beim *Kettensatz* hängt der Schreiber — statt selbständige Sätze zu bilden — aus Bequemlichkeit an einen Hauptsatz immer neue Satzteile an (mit Hilfe der Konjunktionen wobei, wozu, wodurch, welche, so daß usw.):

»Ein besonderes Störungsmerkmal ist die freiflottierende Angst des Pb, *welche* sich praktisch in allen Lebensbereichen auswirkt, *wodurch* der Pb meist sehr unsicher und gehemmt wirkt, *worunter* natürlich seine Effektivität leidet, *so daß* seine eigentlichen Fähigkeiten kaum zur Geltung kommen, *weshalb* man ihn in der Regel unterschätzen dürfte, *wobei* noch zu sagen ist, daß er sich auch selbst nicht allzuviel zutraut, *was* nach dem Gesagten allerdings nicht verwunderlich erscheint.«

b) *zu kurze Sätze* wirken eintönig, ermüdend, unfertig und ›abgehetzt‹ (Reiners spricht vom *Asthmastil*):

»Der Pb ist nach seiner Intelligenzartung ein ausgesprochener Praktiker. Er faßt leicht und schnell auf. Sein Denken ist beweglich. Auf Genauigkeit legt er weniger Wert. Er neigt zur Oberflächlichkeit. Zu konzentrierter Arbeit ist er fähig. Im Grunde auch belastbar. Dazu bedarf es freilich einiger Anspannung. Er schöpft sie aus seiner Antriebsenergie. Diese ist gleichwohl schwankend und erlebnisbestimmt.«

c) *Hauptgedanken in Nebensätze abzudrängen,* ist eine weitere Ungeschicklichkeit vieler Schreiber, die bei ihren Aussagen auf umständliche ›Vorreiter‹ nicht verzichten können:

»Abschließend läßt sich sagen, daß ...«
»Es besteht kein Zweifel, daß ... «
»Was ... anbetrifft, so läßt sich zeigen, daß ...«
»Aus dem Gesagten geht hervor, daß ...»
»Die Frage nach ... läßt sich dahingehend beantworten, daß ...«
Nicht: Was die Kontaktbereitschaft des Pb angeht, so läßt sich sagen, daß sie nur sehr gering ist.
Sondern: Die Kontaktbereitschaft des Pb ist nur sehr gering.
Nicht: Die Frage nach der Glaubwürdigkeit der Zeugin läßt sich dahingehend beantworten, daß sie wahrscheinlich einzuschränken ist.
Sondern: Die Glaubwürdigkeit der Zeugin muß eingeschränkt werden.

d) *Umständliche Nebensätze* mit ›daß‹ und Konjunktionen (nämlich, aber, denn) lassen sich oft durch einen *Doppelpunkt* vermeiden. »Der Doppelpunkt eröffnet neue Darlegungen, kennzeichnet eine Wendung des Gedankens: kurz er bringt in die Schriftsprache hinein, was wir im Gespräch durch Tonfall und Gebärde zum Ausdruck bringen, wenn wir einen wichtigen Satz einleiten wollen.« (Reiners, 1964, S. 133) Greifen wir noch einmal auf ein altes Beispiel zurück:

Nicht: Das Wesen dieser Frau ist vorab durch eine besondere Begabung, nämlich durch eine starke und ungewöhnliche Kraft des Lebens und Erlebens, bestimmt.
Sondern: »Es ist eine Begabung, die vorab das Wesen dieser Frau bestimmt: eine starke und ungewöhnliche Kraft des Lebens und Erlebens.« (Heiß).
Nicht: Bei der Betrachtung des Kontaktbereichs zeigt sich als weiteres Problem, daß der Pb sehr gehemmt ist.
Sondern: Ein weiteres Problem zeigt sich bei der Betrachtung des Kontaktbereichs: die starke Hemmung des Pb.

Der Doppelpunkt macht Sätze durchsichtig und dient somit der *Satzgliederung*. Die gleiche Wirkung haben *Gedankenstriche* (Parenthese, Schaltzeichen), die man verwenden sollte, wenn man kurze Hinweise oder Kommentare in einen längeren Satz einschalten muß.

Nicht: Zusammenfassend läßt sich sagen, *daß* eine Einsicht des Probanden in das Unrechtmäßige seiner Handlungsweise aufgrund seiner gestörten sozialen Entwicklung, *worin* er sich beträchtlich vom Durchschnitt seiner Altersgruppe unterscheidet, wahrscheinlich nur in geringem Ausmaß möglich ist.
Sondern: Fassen wir zusammen: Eine Einsicht des Probanden in das Unrechtmäßige seiner Handlungsweise ist aufgrund seiner gestörten sozialen Entwicklung – und hierin unterscheidet er er sich beträchtlich vom Durchschnitt seiner Altersgruppe – wahrscheinlich nur in geringem Ausmaß möglich.

e) *Die drei wichtigsten Stilregeln* für die Satzbautechnik lauten nach Reiners (1964, S. 134 f.):

1. Kurze Sätze; keine Zwergsätze im Asthmastil, sondern das natürliche kurze Satzgefüge, das meist nicht mehr als zwei oder drei Zeilen umfaßt.
2. Hauptsachen in Hauptsätze.
3. Verlangt der Gedanke ein größeres Satzgefüge, so baue man es flachgeschichtet und helfe dem Leser durch Doppelpunkte und Schaltzeichen.

4. Verbalstil und substantivierter Stil:

Unter der Überschrift *Das Zeitwort stirbt* beklagt Reiners eine der schlimmsten Stilkrankheiten der Sprache. Statt aussagekräftiger, lebendiger und prägnanter Verben benutzen die meisten Schreiber Hilfszeitwörter und abgegriffene Verben zusammen mit Substantiven auf -ung, -heit und -keit. Das Ergebnis ist ein verschwommener und papierener Stil.

Ich habe nach psychologischen Gutachten im Verbalstil gesucht und einigermaßen brauchbare Beispiele – leider – nur bei KLAGES (1956) gefunden (auf den Aussage*inhalt* soll es in diesem Zusammenhang nicht ankommen!). Die Kontrastbeispiele sind ad hoc konstruiert.

Substantivierter Stil: Er hat die Tendenz, allzu großes Zutrauen in sich zu setzen und nach dem Erleben einer Enttäuschung mit der Benutzung einer anderen Taktik nur zu leicht einen Wechsel der Zielvorstellung zu vollziehen. Geneigtheit zur Reizbarkeit und Entladungsbereitschaft zur Unzeit sowie die Verletzung anderer durch die Äußerung mißgünstiger und parteiischer Kritik liegen ebenso im Bereich der Möglichkeit, wie er der Gefahr unterliegt, durch rechthaberische Unverträglichkeit nach kluger Inangriffnahme einer Sache deren Erfolgschancen in Frage zu stellen.

Verbalstil: »Er ist geneigt, sich zuviel zuzutrauen, und wechselt mit der Taktik nur zu leicht das Ziel, wenn er sich enttäuscht sieht. Er kann zur Unzeit reizbar aufbrausen, durch mißgünstige und parteiische Kritik verletzen und durch rechthaberische Unverträglichkeit eine klug begonnene Sache verderben.« (Klages, S. 247)

Substantivierter Stil: Die Inangriffnahme von Schwierigkeiten vollzieht sich ohne Anzeichen der Verunsicherung, und wenn sich die Notwendigkeit ergibt, verfügt der Pb sogar über eine durch eine gewisse Skrupellosigkeit gekennzeichnete Durchsetzungsfähigkeit, wobei sein Auftreten von fast herrischer Entschiedenheit ist.

Verbalstil: »Ohne zu zaudern greift er zu und weiß sich, wenn nötig, seinen Weg auch durch Gestrüpp zu bahnen, da er dann freilich auch seine Ellenbogen gebraucht und gelegentlich mit fast herrischer Entschiedenheit auftritt.« (Klages, S. 245)

Das Problem birgt übrigens so etwas wie ein ›psycholinguistisches Paradox‹. Klages schrieb lebendig und dynamisch – trotz seines ›statischen‹ charakterologischen Modells. Dagegen wirken die Gutachten moderner Psychodiagnostiker – ungeachtet aller funktionalen und dynamischen Persönlichkeitstheorien – eigentlich recht starr und papieren.

Man könnte einwenden, psychologische Sachverhalte seien so differenziert, daß sie im Grunde nur abstrakt angemessen ausgedrückt werden können. Das mag zutreffen oder auch nicht. ›Abstrakte‹ Gutachten sind jedenfalls unsinnig; im Beratungsgespräch spricht man schließlich auch anders. Oder was würde eine Mutter denken, der man bei der Erziehungsberatung erklärte:

»Die Rückstellung Ihres Kindes von der Einschulung und die vorläufige Unterbringung in einem sozialpädagogischen Heim zum Zwecke der erforderlichen Nachreifung ist eine Empfehlung von äußerster Dringlichkeit.«

Jeder vernünftige Mensch würde sagen:

Ich empfehle Ihnen dringend: Schulen Sie Ihr Kind noch nicht ein, sondern lassen Sie es zurückstellen und bringen Sie es vorläufig in einem sozialpädagogischen Heim unter. Ihr Kind braucht noch etwas Zeit um nachzureifen.

5. Adjektive:
Reiners hat dem Adjektiv den Kampf angesagt. Zu viele Adjektive verstoßen gegen die Stilregel: Schreibe knapp! Unnötige Adjektive lenken ab und gekünstelte verwirren. Für die alten quasiliterarischen ›Persönlichkeitsbilder‹ sind Adjektive unentbehrlich. Wer Persönlichkeit nach ihren ›Eigenschaften‹ beschreiben will, braucht Eigenschafts*wörter* (wie ›Adjektiv‹ auch übersetzt wird); je weiter man sich von der Eigenschaftsdiagnostik entfernt, desto überflüssiger werden sie.
Reiners nennt zwei fragwürdige Formen des Adjektvis: das *stehende* oder *angefrorene* und das *gekünstelte.*
 a) *Stehende Adjektive* sind mit bestimmten Substantiven phrasenhaft verbunden. In psychologischen Gutachten findet man auf Schritt und Tritt folgende Koppelungen:

 Reiche Begabung, vielseitige Begabung, ausgeglichene Begabung, innere Spannung, innere Unruhe, leichte Ansprechbarkeit, gesunder Menschenverstand *(eine der schlimmsten Phrasen!)*, lebendige Beziehung, labile Affektivität, diffuse Erregbarkeit, angemessene Verarbeitung und vieles andere mehr.

 Diese abgegriffenen Formeln sind nicht nur deshalb schlecht, weil man sie kaum noch beachtet, wenn man häufiger Gutachten lesen muß, sondern weil sie im Grunde *nichts aussagen.* Was ist denn eine ›innere‹ Spannung, eine ›labile‹ Affektivität oder eine ›angemessene‹ Verarbeitung? Gäbe es diese bequemen Beiwörter nicht: der Gutachter müßte sich direkt bemühen, zu *sagen,* was er meint! Angefrorene Adjektive lösen keine Ausdrucksprobleme, sondern schaffen welche. Das schlimmste Beispiel wurde noch gar nicht erwähnt: *Der Pb verfügt durchaus(!) über eine gewisse* ... (Anpassungsfähigkeit, praktische Begabung, Durchsetzungsfähigkeit – und über was immer man sonst verfügt). Präziser kann man es nicht mehr ausdrücken!

b) *Gekünstelte Adjektive* sind das »Gegenstück zum angefrorenen Beiwort ... Das stehende Beiwort wird gewählt, weil es jeder verwendet; das gekünstelte, weil es bisher keiner gebraucht hatte.« (Reiners, 1964, S. 153) Die folgenden Beispiele stammen wieder aus psychologischen Gutachten:

»Schon der erste Eindruck zeigt eine Impulsivität, die nicht unbedingt zukunftsfreudig erscheint.«
»Auf alle Fälle ist ihre Erregbarkeit schmiegsam und weich.«
»Die Affektivität kann als breit ausgefächert bezeichnet werden.«
»Der Proband besitzt eine farbenprächtige Intelligenzstruktur.«

Solche Kombinationen irritieren den Leser ebenso, wie sie ihn verblüffen mögen. Gefährlich sind übrigens auch Analogien wie »affektive Bildung« oder »flacher Affekt«, weil sie unerwünschte Konnotationen auslösen können.

c) *Das richtige Beiwort* »liegt in der Mitte zwischen dem abgegriffenen und dem gekünstelten ... Es muß überraschend sein und doch selbstverständlich erscheinen.« (Reiners, 1964, S. 153) Es muß einen individuellen Sachverhalt treffend und unverwechselbar ausdrücken. KLAGES konnte das, wie einige Beispiele zeigen mögen:

leicht umzuwerfendes Temperament, heimlich bedeutendes Selbstgefühl, verwickelter Charakter, unsichere Sinnlichkeit, leichfertig zu nennende Großzügigkeit, tumultuöse Persönlichkeit, etwas verwilderte Kontaktfähigkeit.

Hier befinden wir uns allerdings mitten im quasiliterarischen Gutachten, das ja in der modernen, problemorientierten Psychodiagnostik immer mehr an Bedeutung verliert. Vom übermäßigen Gebrauch solcher ›literarischer‹ Adjektive ist auch schon deswegen abzuraten, weil sie häufig eher verwirrend als klärend wirken. Vielleicht darf man sie ab und zu benutzen, wenn man einem geistig differenzierten und sprachlich anspruchsvollen Auftraggeber einmal zeigen möchte, daß auch ein Psychologe einen Menschen nuanciert und treffend beschreiben kann. Auftraggeber, die Proust, Thomas Mann oder

Musil gelesen haben, sind von psychologischen Gutachten oft sehr enttäuscht.

d) *Unentbehrlich sind solche Adjektive* – der Vollständigkeit halber sei es erwähnt –, die einen Begriff spezifizieren, eine Aussage differenzieren:

intellektuelle, künstlerische, handwerkliche Begabung – knapp durchschnittliche, weit überdurchschnittliche Intelligenz – große, geringe Wahrscheinlichkeit usw.

6. Pronomina:

Aus der – unbegründeten – Abneigung heraus, Begriffe in einem Satz oder in benachbarten Sätzen zu wiederholen, verwenden manche Schreiber im Übermaß Pronomina wie *derselbe, dieselbe* oder *welcher, welches.* Diese Praxis ist deshalb gefährlich, weil der Bezug oft unklar ist. Auch der Gebrauch von *ersteres – letzteres* erschwert das Lesen – von der unsinnigen Steigerung des Wortes ganz abgesehen –, weil man immer erst nachsehen muß, was ›das Erste‹ und was ›das Letzte‹ war. Blaß, leer und mißverständlich wirken auch Wendungen wie: *Das gleiche gilt von (für)..., dem entspricht auch...*

Beispiel: »Der Proband verfügt über eine weit überdurchschnittliche Intelligenz. Das gleiche gilt von seinen Interessen.«
Kommentar: *Von der flauen Formulierung abgesehen: Was sind ›überdurchschnittliche‹ Interessen?*

Ein anderer Schönheitsfehler besteht darin, *die Persönlichkeit* eines (männlichen) Probanden zu schildern und später mit *sie* weiterzufahren.

Beispiel: »Die Persönlichkeit des Probanden ist affektiv stark gestört ... *(usw., manchmal erst nach einer ganzen Weile:)* Besonders im Kontaktbereich ist sie verunsichert und gehemmt.«
Kommentar: *Natürlich bezieht sich ›sie‹ auf ›Persönlichkeit‹. Der Leser muß sich aber gleichsam immer wieder vergegenwärtigen, daß es sich bei dem Probanden ja um einen Mann handelt.*

›Die Persönlichkeit des Probanden‹ ist als Formulierung ohnehin nicht sehr glücklich gewählt: Es hört sich an, als spreche man von zwei Personen.

Schlußbemerkung

Damit ist mein ›Mängelkatalog‹ abgeschlossen. Er sollte nicht mehr sein als eine Anregung, eigene – vielleicht andere – Fehler in Gutachten aufzuspüren und auszumerzen.

Ich befürchte nun ein wenig, daß Nichtpsychologen diese kritische Inspektion zum Anlaß nehmen könnten, sich über psychologische Gutachten und Gutachter im allgemeinen lustig zu machen. Dazu besteht kein Grund. Als gerichtlicher Sachverständiger hatte ich öfters Gelegenheit, Gutachten (und vergleichbare Äußerungen) aus anderen Fachbereichen zu lesen und zu hören: Sie sind auch nicht besser als die unseren. Es wäre schön, wenn sich *alle* Fachvertreter, die beruflich über Menschen urteilen sollen, etwas mehr Mühe gäben, das zu begreifen und anderen begreiflich zu machen, was man – allem Sachverstand zum Trotz – das ›individuum ineffabile‹ genannt hat, das unaussprechliche Wesen.

Materialien zu den Seiten 86—88

Textgutachten, das Bauer (1950) in seiner Untersuchung verwendete (vgl. S. 87)

»Im Kern Ihres Wesens fällt eine ungewöhnliche Feinfühligkeit auf, die manchmal in Empfindlichkeit und Übelnehmerei übergeht. Sie haben aber anscheinend schon sehr früh gelernt, Welt und Mitmenschen überlegen zu beurteilen und sehen sich die Leute recht genau an, ehe Sie sich enger anschließen. Diese Zurückhaltung wird Ihnen manchmal als Unaufrichtigkeit oder Überheblichkeit ausgelegt. So wie Sie wirklich sind, kennen Sie nur ganz wenige Menschen. Diesen können Sie ein verläßlicher, auch zu Opfern bereiter Freund sein. Starker Schönheitssinn und angeborene Beobachtungsgabe liegen vor, das Denken ist sehr selbständig. Gänzlich neue Wege betreten Sie jedoch nicht gern und in schwierigen Fragen lassen Sie sich manchmal von ungeprüft übernommenen Meinungen leiten. Sie sind kein ausgesprochener Willensmensch, ein Ausweichen vor großen Schwierigkeiten und Anstrengungen und ein Hang, manche Dinge fatalistisch hinzunehmen, sind Ihnen eigen. Zur Zeit scheinen Sie ein ganz bestimmtes Ziel zu verfolgen, oder es ist eine wichtige Veränderung in Ihrem Leben bevorstehend. An organischen Zeichen findet sich eine bedeutende Widerstandskraft, die auf Langlebigkeit hindeutet. Große Instinktsicherheit hat Ihnen wahrscheinlich schon oft in gefährlichen Lagen das richtige Verhalten gewiesen. Die Annehmlichkeiten des Lebens wissen Sie sehr zu schätzen, Erwerbssinn und Freude am Besitz sind deutlich vorhanden. Sie wirken im allgemeinen sehr ruhig

und beherrscht. Wenn Sie sich in der Erregung zu Handlungen hinreißen lassen, die sie nachher bereuen, so drängt Sie Ihr ausgesprochener Gerechtigkeitssinn dazu, etwa begangenes Unrecht alsbald auf Ihre Weise wieder gutzumachen. In der Pflichterfüllung sind Sie gewissenhaft, jedoch ohne Pedanterie. Dabei macht sich, Ihnen vielleicht nicht immer bewußt, ein starkes Bedürfnis nach Anerkennung und Erfolgen geltend. Sie haben vielseitige Interessen, die Sie zuweilen stark fesseln. Ihre Einstellung ist aber in keiner Weise weltfremd, sondern vorwiegend realistisch, immer auf das Mögliche Bedacht nehmend.« (S. 65)
Kommentar: *Bauer macht besonders auf einige Sätze des Gutachtens aufmerksam, die bewußt im Stil eines Horoskops gehalten sind.*

Profilgutachten, das Bauer (1950) in seiner Untersuchung verwendete (vgl. S. 86 f.)

Nr. ____________

Kennwort:

Skala:
1 = sehr schwach
2 = mäßig
3 = mittel
4 = stark
5 = sehr stark

CHARAKTERPROFIL	Stärkegrade 1	2	3	4	5
Beobachtungsgabe	·	·	·	●	·
Selbständiges Denken	·	·	·	·	●
Organisationsgabe	·	·	·	●	·
Ordnungssinn	·	·	●	·	·
Gedächtnis	·	·	●	·	·
Phantasie	·	·	·	●	·
Schönheitssinn	·	·	·	·	●
Gefühlstiefe	·	·	●	·	·
Liebesfähigkeit	·	·	●	·	·
Feinfühligkeit	·	·	·	●	·
Empfindlichkeit	·	●	·	·	·
Eitelkeit	·	●	·	·	·
Geltungsbedürfnis	·	·	·	●	·
Selbstüberschätzung	●	·	·	·	·
Gerechtigkeitssinn	·	·	·	·	●
Hilfsbereitschaft	·	·	·	●	·
Mitteilungsbedürfnis	·	·	●	·	·
Aufrichtigkeit	·	·	·	●	·
Erwerbssinn	·	·	●	·	·
Besitzfreude	·	·	·	●	·
Genußtrieb	·	·	·	●	·
Ausdauer	·	·	●	·	·
Instinktsicherheit	·	·	·	●	·
Lebenskraft, Zähigkeit	·	·	·	·	●
____________	·	·	·	·	·
____________	·	·	·	·	·

BEILAGE A (MÄNNLICH)

CHARAKTERPROFIL	Stärkegrade 1	2	3	4	5
Beobachtungsgabe	·	·	·	●	·
Selbständiges Denken	·	·	·	●	·
Organisationsgabe	·	●	·	·	·
Ordnungssinn	·	·	·	●	·
Gedächtnis	·	·	●	·	·
Phantasie	·	·	·	●	·
Schönheitssinn	·	·	·	·	●
Gefühlstiefe	·	·	·	·	●
Liebesfähigkeit	·	·	·	●	·
Feinfühligkeit	·	·	·	●	·
Empfindlichkeit	·	·	●	·	·
Eitelkeit	·	·	●	·	·
Geltungsbedürfnis	·	●	·	·	·
Selbstüberschätzung	●	·	·	·	·
Gerechtigkeitssinn	·	·	·	·	●
Hilfsbereitschaft	·	·	·	●	·
Mitteilungsbedürfnis	·	·	·	●	·
Aufrichtigkeit	·	·	·	●	·
Erwerbssinn	·	·	●	·	·
Besitzfreude	·	·	·	●	·
Genußtrieb	·	·	●	·	·
Ausdauer	·	·	●	·	·
Instinktsicherheit	·	·	·	●	·
Lebenskraft, Zähigkeit	·	·	·	·	●
____________	·	·	·	·	·
____________	·	·	·	·	·

BEILAGE B (WEIBLICH)

Abb. 5: Profilgutachten von Bauer (1950)

Von Kadushin (1963) verwendetes, psychoanalytisch orientiertes ›Universalgutachten‹ das offenbar für (fast) alle klinisch-psychologischen Fälle gilt (vgl. S. 88)

»Larry (bzw. Sylvia oder Mrs. L.) steht unter dem Eindruck einer schwierigen Lebenssituation. Das gegenwärtige Problem überlagert allerdings nur ein Trauma, das durch gefühlsmäßige Vernachlässigung in den frühen, entscheidenden Phasen der Entwicklung des Probanden entstanden ist. Es besteht eine Ambivalenz gegenüber Elternfiguren, und obwohl der Proband eine gewisse Fähigkeit besitzt, gesunde Objektbeziehungen zu entwickeln, sind seine tatsächlichen Möglichkeiten in dieser Hinsich ziemlich beeinträchtigt. Er neigt dazu, emotionale Schwierigkeiten in körperliche Symptome umzuwandeln (Abwehrmechanismus). Die Angstanfälligkeit des Probanden erscheint in Zusammenhang mit seinen Abhängigkeitswünschen und im Bereich der Identifikation mit seiner Geschlechtsrolle. Aggressive Energien werden von den wichtigeren Bezugspersonen des Probanden abgelenkt und gegen ihn selbst gerichtet, sei es durch Selbstbestrafung oder durch masochistisches Strafbedürfnis.

Er ist nur in beschränktem Umfang fähig, unannehmbare Impulse und auftretende Schuldgefühle zu kontrollieren, wenn sie erst einmal die Schranke der Überich-Kontrolle durchbrochen haben. Seine emotionalen Energien sind in beträchtlichem Ausmaß durch innere Konflikte gebunden, so daß ihm nur eine begrenzte Energie verbleibt, sich mit äußeren Schwierigkeiten wirkungsvoll auseinanderzusetzen.

Der Proband ist durch das Erlebnis, von Eltern und Gleichaltrigen zurückgewiesen worden zu sein, von Grund auf verunsichert.

Der Umstand, daß der Proband in seiner augenblicklichen Situation ziemlich beunruhigt erscheint, deutet darauf hin, daß er wohl gut motiviert sein dürfte, eine Behandlung zu diesem Zeitpunkt zu akzeptieren. Eine unterstützende Beziehung zu einem freundlichen, entgegenkommenden [Social] Worker dürfte eine therapeutische Wirkung haben. In einer solchen geltenlassenden Atmosphäre, die den Ausdruck negativer Gefühle ohne Vorwurf erlaubte, könnte dem Probanden geholfen werden, seine Probleme etwas besser zu verstehen. Eine Lösung der Eheproblematik[41], die aus der Anamnese hervorgeht, würde wahrscheinlich den Stress, unter dem das Ich des Probanden steht, verringern helfen.« (S. 17)

Wie dieses *Universalgutachten* von den Einstufern beurteilt wurde, zeigt die folgende Tabelle (modifiziert nach KADUSHIN, S. 18):

Beurteilung		Fälle		
		Junge 5 Jahre alt	Mädchen 15 Jahre alt	Frau Ende 30
7	Ganz überragend	0	3	1
6	Ausgezeichnet	8	4	5
5	Leicht überdurchschnittlich	6	4	8
4	Durchschnittlich	2	5	2
3	Leicht unterdurchschnittlich	4	2	2
2	Schlecht	0	2	2
1	Völlig unangemessen	0	0	0
	Beurteilter insgesamt	20	20	20
	Durchschnittliche Beurteiler	4,90	4,75	4,75

KADUSHIN kommentiert dieses Ergebnis so: »Genaugenommen sind die Einstufungen der Supervisors völlig berechtigt. Das Gutachten ist für jeden dieser drei Fälle gültig. Jede Aussage des Gutachtens ist angemessen und vertretbar, und es würde für viele andere Fälle in gleicher Weise zutreffen. Aber so zutreffend das auch ist, was darinsteht, so geht das Gutachten in seinen Aussagen doch nicht weit genug. Eine diagnostische Aussage sollte eine hohe Trennschärfe besitzen; sie sollte klar differenzieren und das Individuelle herausheben. Eine universell gültige, auf die Mehrheit einer Population anwendbare diagnostische Aussage ist bedeutungslos, weil sie uns nicht mehr verrät, als wir bereits vor unserem Zusammentreffen mit dem Probanden wußten. Das diagnostische Vorgehen ist ein Prozeß der Differenzierung von Verallgemeinerungen, bis wir schließlich diesen einen Probanden von allen anderen unterscheiden können.« (S. 18)

Anmerkungen

1 Vgl. Anm. 15

2 Das diagnostische Prinzip der *projektiven Testverfahren* beruht auf der Annahme, daß der Proband im Umgang mit (zumeist relativ gering strukturiertem) Testmaterial (Klecksfiguren wie beim Rorschach-Test, bildlichen Darstellungen wie beim Thematic Apperception-Test [TAT] von Morgan und Murray [vgl. Anm. 18], Spielzeug wie beim Sceno-Test von G. von Staabs) psychische Inhalte, Strukturen und Funktionsweisen ›projiziert‹, d. h. unbewußt ausdrückt und damit registrierbar macht. Die Befunde sind vorwiegend qualitativer Art und bedürfen einer komplizierten Interpretation eher heuristischer Natur.

3 »*Psychometrische Tests* sind gegenüber anderen Tests primär dadurch gekennzeichnet, daß sie eine Messung des diagnostisch relevanten Verhaltens ermöglichen sollen und damit die quantitative Bestimmung der relativen Position, die ein Individuum hinsichtlich eines oder mehrerer Merkmale innerhalb der Population, welcher es angehört, einnimmt.« (MICHEL, 1964, S. 19) Prototyp dieser Verfahren sind Intelligenztests.

4 Die Methode des *Semantischen Differentials* oder *Polaritätsprofils* »verlangt von den Vpn [Versuchspersonen] die Einstufung eines Begriffes oder auch eines Gegenstandes der Anschauung (z. B. Bilder, Farben) auf einer Reihe von Polaritäten [z. B. hoch – tief, schwach – stark], die zu diesem Gegenstand meist in keinem sachlichen, wohl aber in einem möglichen assoziativen Bezug stehen. Der quantitative Vergleich von Profilen mit Hilfe der Korrelationsrechnung ... gestattet Angaben über die (subjektive) *Ähnlichkeit* zwischen Gegenständen.« (HOFSTÄTTER, 1957, S. 30)

5 Der *Rangkorrelationskoeffizient Rho* ist hier ein Maß für die Ähnlichkeit der Einstufungen. Ein Wert von Rho = 1,00 würde völlige Identität, ein Wert von Rho = 0,00 keinerlei Zusammenhang und ein Wert von Rho = –1,00 völlige Gegensätzlichkeit der Einstufungen in den einzelnen Gruppen bedeuten.

6 Ein erster Schritt in dieser Richtung sind in der Bundesrepublik die vom Berufsverband Deutscher Psychologen e. V. (im folgenden abgekürzt BDP) herausgegebenen *Berufsethischen Verpflichtungen* (1967).

7 »In jeder beruflichen Tätigkeit ist er [der Psychologe] auf das Wohl der Menschen bedacht, die von seiner Berufsausübung betroffen werden; er weiß sich dem Dienst am Individuum und an der Gesellschaft, in der er lebt, verpflichtet.« (BDP, *Berufsethische Verpflichtungen für Psychologen*, 1967, S. 5)

8 »Der Psychologe läßt sich bei seiner Arbeit nur von sachlichen Gesichtspunkten leiten, nicht von solchen unsachgemäßer persönlicher Wertung wie Sympathie o. ä.« (BDP, *Berufsethische Verpflichtungen*, S. 5)

9 HOYOS berichtet 1964 von »über 150« frei praktizierenden Psychologen in der Bundesrepublik. (1964, S. 37)

10 Vgl. Anm. 5
11 Vgl. Anm. 4
12 »Psychologische Tätigkeiten, wie Diagnostizieren, individuell-spezifisches Beraten, Behandeln, die nur im Rahmen einer individuellen beruflichen Beziehung zum Klienten ausgeübt werden sollten, praktiziert der Psychologe ... nicht auf dem Wege nur brieflicher Kontakte.« (BDP, *Berufsethische Verpflichtungen,* S. 6)
13 »Sofern im Hintergrund der Beziehung des Psychologen zum Klienten andere Instanzen mit ihren Interessen stehen (beispeilsweise irgendwelche Auftraggeber), entscheidet der Psychologe vor der Aufnahme der Klientenbeziehung über die von ihm im Falle voraussehbarer Interessenkonflikte einzunehmende Haltung. Über diese Haltung informiert er alle beteiligten Instanzen und den Klienten.« (BDP, *Berufsethische Verpflichtungen,* S. 8)
14 Bleibt man im vorliegenden Denksystem, so ist diese Aussage natürlich richtig. Im Ohr des gesellschaftlich orientierten Psychologen mag sie so klingen, als handle es sich hier um eine rein an den Interessen des Auftraggebers orientierte Psychodiagnostik. Ich wage nicht zu entscheiden, was diese Aussage im Jahre 1966 impliziert haben mag, glaube aber, das HOLZKAMP den gemeinten Sachverhalt heute nicht mehr so formulieren würde.
15 »Der Psychologe ist sich stets auch der besonderen Verantwortung bewußt, die sich daraus ergibt, daß psychologische Berufstätigkeit oftmals dazu geeignet ist, auf das Leben anderer Menschen besonders unvermittelt und nachhaltig einzuwirken.« (BDP, *Berufsethische Verpflichtungen,* S. 5)
16 Der Abschnitt über *Allgemeine Grundsätze für die Kommunikation des Psychologen* (S. 6 f.). Die Präambel dieses Abschnitts lautet: »Der Psychologe ist verpflichtet, über Informationen, die ihm in seiner Berufstätigkeit über andere Menschen zugehen, Verschwiegenheit zu bewahren. Nur unter besonderen Umständen kann diese Verpflichtung eingeschränkt werden, und dies auch lediglich im geringstmöglichen, sachlich gebotenen Ausmaß.«
17 »Der Psychologe weist jeden prospektiven Klienten – gegebenenfalls auch dessen gesetzlichen Vertreter – auf die Implikationen der Klientenbeziehung hin, die diesen in seinem Entschluß zur Aufnahme einer solchen Beziehung beeinflussen könnten; beispielsweise auf die Möglichkeiten und Grenzen seiner Arbeit mit dem Klienten, auf eventuelle Einschränkungen der Verschwiegenheitspflicht, auf die zu erwartenden Honorarforderungen u. ä.
Die Verpflichtung, den Klienten vorweg auf alle wesentlichen Implikationen der Beziehung zu ihm hinzuweisen, besteht auch im Falle duldungspflichtiger Untersuchungen, etwa in der forensisch-psychologischen Praxis.« (S. 8)
»Der Psychologe lehnt Aufträge ab, die ihm ein nicht fachgerechtes oder sonstigen Grundsätzen der berufsethischen Verpflichtungen zuwiderlaufendes Arbeiten abverlangen würden. Er informiert den Auftraggeber darüber, aus welchen Gründen er für derartige Aufträge die Verantwortung nicht übernehmen kann.
Der Psychologe informiert die Personen bzw. Institutionen, in deren Auftrag er tätig werden soll, von vornherein über die Möglichkeiten und Grenzen der ihm zur Verfügung stehenden Arbeitsmethoden.« (S. 9.)

18 *Sponsorship-effect:* Tendenz, so zu antworten, wie es der (vermutete) Auftraggeber der Umfrage nach Meinung des Befragten erwartet.

19 *Varianzanalytischer Versuchsplan:* Versuchsanordnung, die es ermöglicht, anhand bestimmter mathematisch-statistischer Verfahren (Varianzanalyse) den Einfluß mehrerer unabhängiger Variablen (hier: Versuchsbedingungen) auf eine untersuchte Größe (abhängige Variable) zu prüfen.

20 Die *Fachtermini* (Determinantenreihe) und *Kürzel* (B-Antworten, T %) beziehen sich auf die Auswertung des Rorschach-Tests. Diese ist so kompliziert, daß hier selbst auf globale Erläuterungen verzichtet werden muß.

21 *TAT: Thematic Apperception-Test* von Morgan und Murray. Ein projektiver Persönlichkeitstest (vgl. Anm. 2), bei dem der Proband zu einer Reihe bildlicher Darstellungen Geschichten erzählen soll.

22 *Dissimulation:* Verharmlosung oder Verheimlichung körperlicher oder psychischer Sachverhalte, besonders Krankheitszustände. Gegenteil: *Simulation* = Vortäuschung nichtbestehender Sachverhalte oder Krankheitserscheinungen.

23 Ebd.

24 *Z-Score:* Spezielles Auswertungsmerkmal beim Rorschach-Test.

25 Vgl. Anm. 21

26 *HAWIK: Hamburg-Wechsler-Intelligenztest für Kinder,* bearbeitet und herausgegeben von F. P. Hardesty und H. J. Priester, 1956. – *Dia-Z-Test:* Projektives Kurzverfahren nach dem Formdeuteprinzip (analog Rorschach-Test) von H. Zulliger, 1948.

27 *Holtzman Inkblot Technique (HIT):* Formdeuteverfahren (Modifikation des Rorschach-Tests) von W. H. Holtzman und Mitarbeitern 1961.

28 Vgl. Anm. 19

29 *Farbpyramiden-Test (FPT):* Farbwahltest nach M. Pfister, herausgegeben von R. Heiß und H. Hiltmann, 1951. Bei diesem Test müssen verschiedenfarbige Plättchen auf einer pyramidenartigen Vorlage angeordnet werden.

30 *Intropunitivität:* Aggressive Strebungen werden nach innen, gegen die eigene Person gerichtet. *Extrapunitivität:* Aggressive Strebungen werden nach außen, gegen andere Personen oder Gegenstände gerichtet. *Impunitivität:* Aggressive Strebungen werden verleugnet oder vermieden.

31 *Sequentielle Strategie:* Mehrphasige bzw. mehrstufige Testdurchführung. Nach jedem Verfahren werden Entscheidungen darüber getroffen, ob und wie der Proband (die Pbn) weiteruntersucht werden soll.

32 »Die Ergebnisse auftragsgemäßer Untersuchungen sind nur in den für den Auftrag relevanten Ausschnitten weiterzugeben und nur in einer Form, die unangemessenes Ausdeuten oder Verwenden der Ergebnisse nach Möglichkeit ausschließt.« (BDP, *Berufsethische Verpflichtungen,* S. 9)

33 »Die Mitteilung von Untersuchungsergebnissen an den Klienten selbst oder mit seinem Einverständnis an Dritte hat in einer Weise zu erfolgen, die unangemessenes Ausdeuten dieser Mitteilung aus-

schließt, so gut es irgend möglich ist.« (BDP, *Berufsethische Verpflichtungen*, S. 9)

34 In der Psychologie umfaßt der Begriff *Vitalität* den gesamten Bereich körperlich-seelischer Energien, Antriebe und Reserven.

35 *Content-analysis:* Sammelbezeichnung für verschiedene Techniken der (sprach-)psychologischen Inhalts- und Bedeutungsanalyse. *Cloze-procedure:* Methode, die Auffassung und das Verständnis von Texten dadurch zu prüfen, daß man – nach Art eines Lückentests – Worte oder Wortsilben systematisch durch Gedankenstriche ersetzt und den Text von der Vp rekonstruieren läßt.

36 *Social-perception-Forschung:* Richtung der Wahrnehmungspsychologie, die die Rolle sozialer und persönlicher Faktoren (wie Normen, Werthaltungen, Interessen, Einstellungen, Bedürfnisse usw.) bei der Wahrnehmung untersucht.

37 Gemeint ist die *Anordnung von Argumenten* bei Reden, Gesprächen, Diskussionen und dergleichen, durch die andere Menschen von etwas überzeugt oder zu etwas überredet werden sollen.

38 *Mutismus:* Zeitweises ›Verstummen‹ bei intakten Sprechorganen, Weigerung zu sprechen; gehört zum Syndrom der ›Antriebsverminderung‹ bei psychischen Erkrankungen und Geisteskrankheiten.

39 »Der Psychologe ist im Interesse der Verbesserung seiner Arbeitsweise darum bemüht, den Erfolg seiner Tätigkeit mit angemessenen Methoden zu überprüfen bzw. überprüfen zu lassen.« (BDP, *Berufsethische Verpflichtungen*, S. 6)

40 Ein ganz anderes Problem entsteht dann, wenn sich der forensisch-psychologische Gutachter nicht damit zufriedengibt, als *sachverständiger Gehilfe* zu dienen, sondern seine Funktion auch in der Aufklärung des Gerichts über gesellschaftliche und psychologische Zusammenhänge und Hintergründe des verhandelten Tatbestandes sieht.

41 Bezieht sich in den Fällen des fünfjährigen Jungen und des fünfzehnjährigen Mädchens natürlich auf die Ehe der *Eltern.*

Literaturverzeichnis

Abel, T. M.: Figure drawings and facial disfigurement. Americ. J. Orthopsychiat. 23, 1943, 253–264

Anderson, N. H., Barrios, A. A.: Primacy effects in personality impression formation. J. Abnorm. Soc. Psychol. 63, 1961, 346–350

Appelbaum, S. A., Siegal, R. S.: Half-hidden influences on psychological testing and practice. J. Proj. Techn. 29, 1965, 128–133

Asch, S. E.: Forming impressions of personality. J. Abnorm. Soc. Psychol. 41, 1946, 258–290

Bartmann, T.: Der Einfluß von Zeitdruck auf die Leistung und das Denkverhalten bei Volksschülern. Psychol. Forsch. 27, 1963, 1–61

Baughman, E. E.: Rorschach scores as a function of examiner differences. J. Proj. Techn. 15, 1951, 243–249

Bauer, H.: Über charakterologische Selbstbeurteilung. Wiener Z. f. Philos. Psychol. u. Päd. 3, 1950, 60–71

Behn, S.: Über die Kunst des praktisch brauchbaren Gutachtens. Psychol. Beitr. 1, 1953, 361–388

Bellak, L.: The concept of projection: an experimental investigation and study of the concept. Psychiatry 7, 1944, 353–370

Bergius, R.: Die Beratungssituation als sozialpsychologisches Problem. Psychol. Rdsch. 6, 1955, 159–161

Bernstein, L.: The examiner as inhibiting factor in clinical testing. J. Consult. Psychol. 20, 1956, 287–290

Berufsverband deutscher Psychologen (Hg): Berufsethische Verpflichtungen für Psychologen. Separatdruck 1967

BGH-Entscheidung: Neue Juristische Wochenschrift 16, 1967, 719–720

Bierkens, P.: Die Urteilsbildung in der Psychodiagnostik. München 1968

Bochen, M.: Erlebnis und Auswirkung des Zeitdrucks in der Versuchssituation und bei freien Vornahmen. Unveröffentl. Zulassungsarbeit, Psychol. Inst. d. Univ. Mainz, 1964. Zitiert nach: Sader und Keil, 1966

Calden, G., Cohen, L. B.: The relationship between egoinvolvement and test definition to Rorschach test performance. J. Proj. Techn. 17, 1953, 300–311

Campbell, F. A., Fiddleman, P. G.: The effect to examiner status upon Rorschach performance. J. Proj. Techn. 23, 1959, 303–306

Cantril, H. et al.: Gauging public opinion. Princeton 1944

Carp, A. L., Shavzin, A. R.: The susceptibility to falsification of the Rorschach diagnostic technique. J. Consult. Psychol. 3, 1950, 230–233

Cassel, R. H., Johnson, A., Burns, W. H.: Examiner, egodefense and the H-T-P-Test. J. Clin. Psychol. 14, 1958, 157–160

Cohen, R.: Die Psychodynamik der Testsituation. Diagnostica 8, 1962, 3–12

Costello, C. G.: Ego-involvement, success and failure: a review of the literature. In: H. J. Eysenck (Ed.), Experiments in motivation, Oxford 1964

Cronbach, L. J.: Statistical methods applied to Rorschach scores. Psychol. Bull. 46, 1949, 393–429

Cronbach, L. J., Gleser, G. C.: Psychological tests and personnel decisions. Urbana 1965 [2]

Dailey, L. A.: The practical utility of the clinical report. J. Consult. Psychol. 17, 1953, 297–302

Dashiell, J. F.: An experimental analysis of some group effects. J. Abnorm. Soc. Psychol. 25, 1930, 190–199

Davenport, B. F.: The semantic validity of TAT interpretations. J. Consult. Psychol. 16, 1952, 171–175

Dinoff, M.: Subject awareness of examiner influence in a testing situation. J. Consult. Psychol. 24, 1960, 465

Donceel, J. F., Alimena, B. S., Birch, C. M.: Influence of prestige suggestion on the answers of a personality inventory. J. Appl. Psychol. 33, 1949, 352–355

Dornseiff, F.: Der deutsche Wortschatz nach Sachgruppen. Berlin 1965 [6]

Ellis, A.: Questionnaire versus interview method in the study of human love relationship. Americ. Soc. Rev. 12, 1947, 541–553. Zitiert nach: Spitznagel 1964 (b)

Filer, R. M.: The clinician's personality and his case reports. Americ. Psychologist 7, 1952, 336 (Abstract)

Flanagan, J. C.: The development of an index of examinee motivation. Educ. Psychol. Measmt. 15, 1955, 144–151

Fosberg, I. A.: An experimental study of the reliability on the Rorschach psychodiagnostic technique. Rorschach Res. Exch. 5, 1941, 72–84

– How do subjects fake results on the Rorschach Test? Rorschach Res. Exch. 7, 1943, 119–121

Foster, A.: Writing clinical reports. J. Clin. Psychol. 7, 1951, 195

Garfield, S. L., Heine, R. W., Leventhal, M.: An evaluation of psychological reports in a clinical setting. J. Consult. Psychol. 18, 1954, 281–286

Gibby, R. G., Miller, D. R., Walker, E. L.: The examiner's influence on the Rorschach protocol. J. Consult. Psychol. 17, 1953, 425–428

Gordon, L. V., Durea, M. A.: The effect of discouragement on the revised Stanford-Binet Scale. J. Genet. Psychol. 73, 1948, 201–207

Grayson, H. M., Tolman, R. S.: A semantic study of concepts of clinical psychologists and psychiatrists. J. Abnorm. Soc. Psychol. 45, 1950, 216–231

Gross, L.: Effects of verbal and nonverbal reinforcement in the Rorschach. J. Consult. Psychol. 23, 1959, 66–68

Hammer, E. F., Piotrowsky, Z. A.: Hostility as a factor in the clinican's personality as it affects his interpretation of projective drawings (H-T-P). J. Proj. Techn. 17, 1953, 210–216

Hammond, K. R., Allan, J. M.: Writing clinical reports. New York 1953

Heckhausen, H.: Hoffnung und Furcht in der Leistungsmotivation. Meisenheim/Glan 1963

Heiss, R.: Die Deutung der Handschrift. Hamburg 1943

– Technik, Methodik und Problematik des psychologischen Gutachtens. Handbuch d. Psychol. Bd. 6, Psychologische Diagnostik, 975–995, Göttingen 1964

Henry, E. M., Rotter, J. B.: Situational influence on Rorschach responses. J. Consult. Psychol. 20, 1956, 457–462

Hiltmann, H.: Anwendung des Z-Test unter Prüfungsdruck. Studien zur Diagnostischen Psychologie Nr. 2, 11–16. Biel (Schweiz) 1953
Höger, D., Schmid, W.: Zur Methodik des Beratungsgesprächs in der Erziehungsberatung. In: Villinger, W., Stutte, H. (Hg), Jahrbuch für Jugendpsychiatrie Bd. 4, 61–71, Bern 1965
Hofstätter, P. R.: Psychologie. Fischer Lexikon. Frankfurt 1957
– Was man vom Psychologen erwartet. In: Hardesty, F. P., Eyferth, K. (Hg), Forderungen an die Psychologie, S. 252–271. Bern 1965
Hoeth, F., Koebler, V.: Zusatzinstruktionen gegen Verfälschungstendenzen bei der Beantwortung von Persönlichkeitsfragebogen. Diagnostica 13, 1967, 117–129
Holzberg, J. D., Alessi, S. L., Wexler, M.: Psychological case reporting at psychiatric staff conferences. J. Consult. Psychol. 15, 1951, 425–429
Holzkamp, K.: Begutachtung als Kommunikation. In: Holzkamp et al., Prognose und Bewährung in der psychologischen Diagnostik, 19–40, Göttingen 1966.
Hovland, C. I., Janis, I. L., Kelley, H. H.: Communication and persuasion. New Haven 1961 [4]
Hovland, C. I. (Ed.): The order of presentation in persuasion. New Haven 1966 [3]
Hoyos, C. Graf: Denkschrift zur Lage der Psychologie. Wiesbaden 1964
Huber, J. T.: Report writing in psychology and psychiatry. NY 1961.
Hurlock, E. B.: The value of praise and reproof as incentives for children. Arch. Psychol. 71, 1924
– An evaluation of certain incentives used in school-work. J. Educ. Psychol. 16, 1925, 145–159
– The effects of incentives upon the constancy of the IQ. J. Genet. Psychol. 32, 1925, 422–434
– The psychology of incentives. J. Soc. Psychol. 2, 1931, 261–290
Hutt, M. L.: ›Consecutive‹ and ›adaptive‹ testing with the revised Stanford Binet. J. Consult. Psychol. 11, 1947, 93–103
Hyman, H. H.: Interviewing in social research. Chicago 1955 [2]
Iverson, M. A., Reuder, M. E.: Ego-involvement as an experimental variable. Psychol. Rep. 2, 1956, 147–181
Jappe, G., John, G., Vogel, H.: Die Testuntersuchung als spezifisches Übertragungsfeld. Überlegungen zur analytischen Fundierung der Testdiagnostik. Psyche 19, 1965, 40–67
Kadushin, A.: Diagnosis and evaluation for (almost) all occasions. Social Work 8, 1963, 12–19
Kaminski, G.: Das Bild vom Anderen. Berlin 1959
Klages, L.: Handschrift und Charakter. Bonn 1956 [24]
Klatskin, E.: An analysis of the test situation upon the Rorschach record: Formal scoring characteristics. J. Proj. Techn. 16, 1952, 193–199
Klopfer, W. G.: The psychological report. New York 1960
Kohlhaas, M.: Zur Schweigepflicht des Psychologen. Neue Juristische Wochenschrift 36, 1969, 1566–1567
Krasner, L.: Studies of the conditioning of verbal behavior. Psych. Bull. 55, 1958, 148–170
Krech, D., Crutchfield, R. S., Ballachey, E. L.: Individual in society. New York 1962

Krüger, H., Zietz, K.: Das Verifikationsproblem. Z. angew. Psychol. 45, 1933, 140–171

Lehnig, L.: Der Einfluß des Beobachtetwerdens durch den Versuchsleiter bei Aufgabenreihen des LPS von Horn. Unveröff. Zulassungsarbeit, Psychol. Inst. d. Univ. Mainz, 1966. Zitiert nach: Sader und Keil, 1966

Leifert, J.: Untersuchung der sozialen Erwünschtheit von Eigenschaften. Unveröff. Zulassungsarbeit, Psychol. Inst. d. Univ. Freiburg, 1964

Leventhal, T., Gluck, M. R., Slepian, H. J., Rosenblatt, B. P.: The utilization of psychologist-patient relationship in diagnostic testing. J. Proj. Techn. 26, 1962, 66–79

Lodge, G. T.: How to write a psychological report. J. Clin. Psychol. 9, 1953, 400–402

Lord, E.: Experimentally induced variation in Rorschach performance. Psychol. Monogr. 64 (10, whole No. 316), 1950

Luchins, A. S.: Forming impressions of personality: a critique. J. Abnorm. Soc. Psychol. 43, 1948, 318–325

Luft, J.: Interaction and projection. J. Proj. Techn. 17, 1953, 489–492

Masling, J.: The effects of warm and cold interaction on the interpretation of a projective protocol. J. Proj. Techn. 21, 1957, 377–383

– The effects of warm and cold interaction on the administration and scoring of an intelligence test. J. Consult. Psychol. 23, 1959, 336–341

– The influence of situational and interpersonal variables in projective testing. Psychol. Bull. 57, 1960, 65–85

Mayman, M.: Style, focus, language and content of an ideal psychological test report. J. Proj. Techn. 23, 1959, 453–458

Meyer, B. C., Brown, F., Levine, A.: Observations on the House-Tree-Person drawing test before and after surgery. Psychosomat. Med. 17, 1955, 428–454

Michel, L.: Allgemeine Grundlagen psychometrischer Tests. In: R. Heiss (Hg.), Handbuch d. Psychologie Bd. 6, Psychologische Diagnostik, 19–70, Göttingen 1964

Mitsos, S. B.: Semantic aspects of prognosis. J. Abnorm. Soc. Psychol. 58, 1959, 137–140

Mulry, R. C.: The effects of the experimenter's perception of his own performance on subject performance in a pursuit rotor task. Unpubl. Master's Thesis, Univ. North Dakota, 1962. Zitiert nach Spitznagel, 1964 (b)

Ortega y Gasset, J.: Zur Psychologie des interessanten Mannes. In: Gespräch beim Golf. Vier Essays. Wiesbaden 1957. (= Insel-Bücherei Nr. 646)

Peters, K.: Die prozeßrechtliche Stellung des psychologischen Sachverständigen. In: U. Undeutsch (Hg.), Handbuch der Psychologie Bd. 11, Forensische Psychologie, 768–800, Göttingen 1967

Phillipson, H.: The Object Relations Technique. London 1955

Pleimes, Ute: Psychologische Aspekte des Schlafverhaltens. Unveröff. Zulassungsarbeit, Psychol. Inst. d. Univ. Freiburg 1968

Rabin, A., Nelson, W., Clark, M.: Rorschach content as a function of perceptual experience and sex of the examiner. J. Clin. Psychol. 10, 1954, 188–190

Reichenberg-Hackett, W.: Changes in Goudenough drawings after a gratifying experience. Amer. J. Orthopsychiat. 23, 1953, 501–516

Reiners, L.: Stilkunst. Ein Lehrbuch deutscher Prosa. München 1964
Remé, Petra: Die Konditionierung formbestimmter Antworten in der Holtzman-Inkblot-Technique. Unveröff. Zulassungsarbeit, Psychol. Inst. d. Univ. Freiburg, 1965
Robinson, D., Rohde, S.: Two experiments with an antisemitism poll. J. Abnorm. Soc. Psychol. 41, 1946, 136–144
Rodnick, E. H., Klebanoff, S. G.: Projective relations to induced frustrations as a measure of social adjustment. Psychol. Bull. 39, 1942, 489 (Abstract)
Rorschach, H.: Psychodiagnostik. Bern 1954[7]
Sader, M.: Instruktionsverständnis und Testleistung. Frankfurt 1957
Sader, M., Keil, W.: Bedingungskonstanz in der psychologischen Diagnostik (Sammelreferat). Archiv f. d. ges. Psychol. 118, 1966, 279–308
Salber, W.: Die Kunst der Charakterschilderung. Weinheim 1964
Sanders, R., Cleveland, S. E.: The relationship between certain examiner personality variables and subject's Rorschach scores. J. Proj. Techn. 17, 1953, 34–50
Sarason, S. B., Mandler, G.: Some correlates of test anxiety. J. Abnorm. Soc. Psychol. 47, 1952, 810–817
Sarason, S. B.: Test anxiety, general anxiety, and intellectual performance. J. Consult. Psychol. 21, 1957, 485–490
Schafer, R.: Psychoanalytic interpretation in Rorschach testing. New York 1954
Schneider, H. J.: Zur strafrechtlichen Schweigepflicht des Berufspsychologen im Entwurf eines Strafgesetzbuchs 1962. Psychol. Rdsch. 14, 1963, 203–210
Schraml, W.: Psychodynamische Aspekte der psychodiagnostischen Gesprächssituation. Psychol. Rdsch. 13, 1962, 44–52
– Das psychodiagnostische Gespräch (Exploration und Anamnese). In: R. Heiss (Hg.), Handbuch der Psychologie Bd. 6, Psychologische Diagnostik, 868–897, Göttingen 1964
Schubenz, S.: Über den Aufbau eines psychologischen Befundes. Diagnostica 13, 1967, 89–116
Shore, M. F.: The utilization of the patient-examiner relationship in intelligence testing of children. J. Proj. Techn. 26, 1962, 239–243
Sodhi, K. S.: Einfluß der Einstellung auf das Verstehen. Psychol. Beitr. 3, 1957, 165–195
Spitznagel, A.: Grundlagen, Ergebnisse und Probleme der Formdeuteverfahren. In: R. Heiss (Hg.), Handbuch der Psychologie Bd. 6, Psychologische Diagnostik, 556–618, Göttingen 1964 (a)
– Die diagnostische Situation. Ein Beitrag zur Theorie und Psychologie der Datengewinnung. Unveröff. Habil. Schrift., Freiburg 1964 (b)
Summerwell, H., Campbell, M., Sarason, I.: The effect of differential motivating instruction on the emotional tone and outcome of the TAT stories. J. Consult. Psychol. 22, 1958, 385–388
Tallent, N.: An approach to the improvement of psychological reports. J. Clin. Psychol. 12, 1956, 103–109
– On individualizing the psychologists clinical evaluation. J. Clin. Psychol. 14, 1958, 243–245
Tallent, N., Reiss, W. J.: Multidisciplinary views on the preparation of written clinical psychological reports. J. Clin. Psychol. 15, 1959, 218–221, 273–274, 444–446

Taylor, J. L., Teicher, A.: A clinical approach to reporting psychological test data. J. Clin. Psychol. 2, 1946, 323–332
Taylor, J. A.: A personality scale of manifest anxiety. J. Abnorm. Soc. Psychol. 48, 1953, 285–290
Taylor, W. L.: ›Cloze procedure‹: a new tool for measuring readability. Journalism Quarterly 30, 1953, 415–433
– Recent developments in the use of ›cloze procedure‹. Journalism Quarterly 33, 1956, 42–48
Thomae, H.: Prinzipien und Formen der Gestaltung psychologischer Gutachten. In: U. Undeutsch (Hg.), Handbuch der Psychologie Bd. 11, Forensische Psychologie, S. 743–767, Göttingen 1967
Thorne, F. C.: A new outline for psychological report writing. J. Clin. Psychol. 12, 1956, 115–122
– Operational psychological report writing. J. Clin. Psychol. 16, 1960, 343–349
– Clinical judgment. Brandon (Vermont) 1961
Vogel, H.: Psychoanalytische Aspekte der psychodiagnostischen Testuntersuchung. Psyche 22, 1968, 754–761
Weißkopf, E., Dieppa, J. J.: Experimentally induced faking of TAT responses. J. Consult. Psychol. 15, 1951, 469–474
Wickes, T. A.: Examiner influence in a testing situation. J. Consult. Psychol. 20, 1956, 23–26
Wishner, J.: Reanalysis of ›impressions of personality‹, Psychol. Rev. 67, 1960, 96–112

Sachregister